Joseph Baader

**Beiträge zur Kunstgeschichte Nürnbergs**

Joseph Baader

**Beiträge zur Kunstgeschichte Nürnbergs**

ISBN/EAN: 9783743629417

Hergestellt in Europa, USA, Kanada, Australien, Japan

Cover: Foto ©ninafisch / pixelio.de

Weitere Bücher finden Sie auf **www.hansebooks.com**

# Beiträge

zur

# Kunstgeschichte Nürnbergs

von

## J. Baader,

königl. Archivs-Conservator.

Nördlingen.
Druck und Verlag der C. H. Beck'schen Buchhandlung.
1860.

# Vorwort.

Nürnberg war ehedem der Mittelpunkt deutscher
Kunstbestrebungen. Alles, was darüber Aufschluß gibt,
wird dem Forscher und Kunstfreund eine willkommene
Gabe sein. Eine solche, so wünschen wir, soll auch durch
diese Blätter geboten werden. Sie bilden zwar kein
Ganzes; es sind nur Steine, groß und klein und bunt, die
ein künftiger Meister zu seinem Werke benützen mag.
Sie lagen ungekannt in verborgenem Schachte; der Ver=
fasser hat sie nicht ohne Mühe zusammengetragen und
ans Licht gebracht. Sie blenden nicht durch Farbenglanz,
doch sind sie seltsam und, wie gesagt, noch unbekannt.
An bekannten Dingen ist der Verfasser absichtlich vorüber=
gegangen, nur hie und da an sie anknüpfend, wenn es
der Zusammenhang erforderte. Was er gefunden, hat er
mit gewissenhafter Treue wieder gegeben. Seine Quelle
ist das hiesige königliche Archiv.

Nürnberg im Juli 1860.

Der Verfasser.

# Inhalt.

# I. Verzeichnisse Nürnbergischer Künstler vom XIV. bis zum XVI. Jahrhundert.

Das Jahr, das den einzelnen Künstlern beigefügt ist, bezeichnet in der Regel die Zeit ihrer Aufnahme als Bürger oder Meister zu Nürnberg, oder ihres sonstigen urkundlichen Auftretens. Ihre Menge gibt Zeugniß von dem regen Leben, das sich im Gebiete der Künste in der alten Reichsstadt entfaltete. Die Verzeichnisse hätten zwar noch weiter herabgeführt werden können, aber es mag genügen, die alten Meister und jene aus der Glanzperiode Nürnbergischer Kunstbestrebungen kennen zu lernen.

## 1. Maler.

Wunstein 1363. Lutz an der Prukk 1363. Erhart Moler 1363. F. Weinschroter 1363 und 1378. C. Glaser genannt Meister Heinrich 1363. C. Sebolt 1363. H. Egweiler 1363 und 1378. Seytze Stepphan 1363. Herman de Aystet *) 1363 und 1378. Jacob Moler 1363 und 1378. Berthold von Stainach 1363 und 1378. Bertholb Meister, Bildschnitzer und Maler 1363 und 1378. Conrat Paum 1363 und 1378. Herman Moler von Augspurg 1363 und 1378. Herman von Wirtzburg 1363 und 1378. Erhart Moler 1378. S. Murr 1378. Herman

---

*) Eichstädt.

be Ingestat *), Maler und Tartschenmacher 1378. Meister
Ott 1378. C. Jung von Meincz 1378. Herman mit dem
Flaben 1378. Der Murret Cüntzel 1378. C. Wolfhart
Moler 1378. Herman Hager, Mertein Moler und Hanns
Keck, Goldschlager und Maler 1383. Debolt Moler 1388.
Ulrich Moler 1390. Heim Münchhauser, Nyclas Pauß und
Seifrib Gehsenwenger 1391. Hans Dackandey, Bildschnitzer
und Maler 1393. Bertholt Moler und Cuncz Herregott
1396. Ulrich von Weissenburg 1402. Nyclas von Mün=
ster 1404. H. Ziegler 1408. C. Pregelhan und Hanns
Raben 1409. Andres Frankenberger 1413. Praun Loblich
1416. Hanns Peutmüllner, Maler und Bildschnitzer 1418.
Bartolomes von Keczz 1421. Cunrat Luckenbach 1423.
Symon Moler 1425. Conrat Per 1428. Walther Stau=
bigel 1435. Hans Schultheiß 1441. Georg Denckel und
Conrat Wolff **) 1442. Conrad Wees 1445. Ott Voß
1447. Michel Tölb Glasmaler 1447. Jordan Has 1453.
Hans Has 1455. Hans Pleidenwurff, Hans Heller und
Ulrich Müllner 1457. Hans Smaltz 1459. Lorentz Man=
bauer 1460. Heinrich Pferlehußen 1464. Paulus Kopp
1465. Caspar Heun 1466. Thoman Marckhart 1466.
Sigmund von Ketzsch 1468. Benedict Frieß, Georg Moler
und Haidenreich Törnheimer 1469. Nicolaus Vinck 1472.
Linhart Peurl 1474. Conrat Maler 1476. Conrat Maler
von Wirtzpurg und Hanns Trautt 1477. Caspar Rieß
1479. Hans Schönwetter 1480. Peter Zoller 1482.
Hanns Seitz 1483. Hans Tungolt und Mathes Koler 1485.
Hanns Summerbach 1487. Hanns Arnolt und Mertein

---

*) Ingolstadt.

**) Diesem wurde am 16. Nov. 1442 erlaubt, sich in der innern
Stadt niederzulassen. Wahrscheinlich saß er vorher in einer der
Vorstädte.

Maler 1489. Stephan Eysler 1490. Jeronymus und
Matheis Prunner 1491. Georg Aysteter 1496. Cunrat
Eckel 1497. Urban Kettner 1498. Hanns Albrecht und
Hanns Schnell 1499. Bartolmes Grünfeld 1501. Hanns
von Haidlberg 1504. Thomann Schott 1508. Hanns
Sües und Michel Hirschpach) 1511. Hanns Eleman 1512.
Jacob Elmsteter 1514. Georg Hertenstain 1519. Hanns
Hofman 1520. Peter Gertner 1521. Jorg Pentz 1523.
Hanns Greyfenberger und Georg Schlenk 1524. Asmus
Kyrspach) 1526. Hanns Herbart 1526. Hanns Cuntzl und
Lucas Gmundner 1527. Erhart Schwatzer 1529.

## 2. Steinmeissel. *)

Syman Gerntroster 1363 und 1378. Meister Hanse
1363. H. Reichenbeck 1363 und 1378. H. Hannbach
1363 und 1378. C. Hager 1363 und 1378. Ott Eber=
hart 1363 und 1378. S. Spatzirer 1363 und 1378. C.
Karel 1363. F. Swentenwein 1363. H. Stainmaizzel
1363. H. Sleheim Balier 1363. Albrecht Arg 1363 und
1378. F. Rossener 1363 und 1378. Hertel 1363. Reus=
senberck 1363 und 1378. Merkel Schedel 1363 und 1378.
Herman Eberhart 1363 und 1378. H. Beheim Balier 1378.
Hertel Landpütel (1363?) 1378. H. Peck 1378. Hanse
Osterreicher, Hanse Staudigel, Ulrich Arg, Franz Gretzer,
Fritz Weiß, Heinz von Amberg und Albrecht Payr, sämmtlich
um das Jahr 1380. Jachel Steinmetz 1388.

---

*) Unter dieser Benennung verstand man zu damaligen Zeiten
nicht blos Steinmetzen, sondern auch Baumeister und Bildhauer,
was sie denn in der Regel auch waren. Das Prädicat „Bildhauer" ward den Künstlern erst seit dem Ende des XV. Jahrhunderts beigelegt.

Georg Roslaub 1401 und 1414. Rudolt Hagen 1409.
Heinz v. Amberg noch 1412. Gerung Schebel circa 1414.
Ulrich Stöckel 1414. Hanns Scheurer von Amberg 1414.
Cunz Eberhart Stainmiczz und Punczenirer, Eberhart Grymm,
Andres Klainbienst und Fritz Prise 1417 und 1427. Ste=
phan Tapp 1419. Hans Fünfsprunner 1420. Heintz Ab=
schrot 1423. Marquart Nebel 1424. Hans von Mainz
1425. Jordan Grymm 1426. Herman Spreng und Cunz
Widenmann 1427. C. Rorer, Georg Gries und Ulrich
Lintner 1428. Fritz Hatzler 1430. Peter Nagel und Her=
mann Frey 1443. Hans Ruprecht 1444. Jacob Wolgemut
und C. Decker 1446. Conrad Harber 1448. Ulrich von
Augspurg und Fritz Wilhalm 1449. Ulrich Wolf 1453.
Hanns Cleinbienst 1457. Contz Hubner, Niclas Hasenjeger,
Mertein Speißer, Heintz Ber und Setz Biberolt 1462.
Hanns Kornlein 1466. Hanns Schar 1467. Hanns
Mertzzer 1471. Peter Smauß 1473. Hanns Zeyfer 1476.
Ulrich Crafft 1480 u. 1481. Hanns von Eschenbach,
Mertin Henn, Hanns Karter und Heintz Hofmann 1486.
Mathes Koler, Heintz Hubner und Michel Bair 1489. Jörg
Pöllinger 1495 ꝛc. ꝛc.

## 3. Bildschnitzer.

F. Pildsnitzer ein Bildschnitzer 1383. C. Pildsniczer
1393. H. Pletzenfelder ein Bildmacher 1424. Mertein
Guldein Bildschnitzer und Alabasterer 1441. Hanns Peur=
lein und Hanns Pildsnitzer 1461. Ulrich Pildsnitzer 1461.
Pangratz Bildsnytzer 1467. Ulrich Huber 1468. Sirt Frey
1472. Hanns Müllner 1477. Hanns Reutter 1478.
Augustin Schmid 1485. Linhard Mendel und Jacob Spil=
berger 1489. Hanns Rosenstein 1499. Heinrich Schab
1500. Niclas Bair 1503. Hanns Hartlieb 1510. Jörg

Renwolt 1517. Hanns Keser 1519. Peter Flattner und Mathes Gebel 1523. Hanns Schlunt 1525. Jobst Stumpf 1530. Heinrich Heckhorn 1531.

## 4. Bildhauer.

Georg Herb 1506. Hanns Peysser 1526. Hanns Dyl 1527. Hanns Kremer 1533.

## 5. Formschneider *).

H. Pömer 1428. Mathes Kypfenberger 1459. Hanns Hurneck 1472. Hanns Formschneider 1496. Jeronymus Andree 1523. Martin Keltz 1526. Hanns Mack 1526.

## 6. Briefmaler.

Niclas Dürnbrot 1459. Hanns Müllner 1479. Fritz Müllner 1496. Paulus Peltzle 1497. Endres Nickl 1515. Niclas Molmann 1518. Wolf Seemon 1526. Bernhart Merckl 1527. Bartlmes Mack 1529.

## 7. Kartenmaler.

Michel Winterperk 1441, Hanns Paur 1445. Adam Sumenhart 1484. Lorentz Kün 1485. Jörg Marckart 1487. Hanns Lenngker 1489. Hanns Leysenrewter 1501. Jacob Besler und Clas Ott 1507. Endres Müllner 1519. Simon Fellnpaum 1524. Caspar Volcker und Andres Meß 1526. Martein Mair 1529. Sigmund Peck 1531.

---

*) Diese mußten dem Rathe eidlich angeloben, ohne seine besondere Bewilligung Formen oder Figuren nicht zu schneiden oder im Druck ausgehen zu lassen. Das gleiche Verbot erging an die Buchdrucker.

## 8. Illuministen.

Georg Glockendon 1484.  Hanns Hauser 1519.

## 9. Artisten.

Ulrich Fettinger 1518.

## 10. Kupferstecher.

Niclas Wilbern 1533.

––––––––

## II. Albrecht Dürer.

Zum ersten Male begegnen wir dem großen Künstler im Jahre 1509, in welchem er 78 fl. Landswehrung, 1 Pfund neue Pfenninge und 4 Schillinge zu einem ewigen Geld im Betrage von 22 alten Pfunden in der Losungsstube anlegte. Es war dasselbe für die Meßpfründe auf St. Erhards-Altar in St. Sebald-Kirche bestimmt.

Zwei Jahre später malte er aus Auftrag des Rathes zwei große Tafeln mit den Bildnissen Kaiser Karls und Kaiser Sigmunds. Beide waren für die Heiligthumskammer bestimmt, in der die Reichs-Heiligthümer, der Krönungsornat der deutschen Kaiser und die übrigen dazu gehörigen Reliquien und Kleinode aufwahrt wurden. Für diese Tafeln erhielt er im Jahre 1512 85 fl. 1 Pfund neue Pfenninge und 10 Schillinge.

Dürer's Verhältniß zu Kaiser Maximilian ist bekannt. Bei diesem stand er in hoher Gunst. Der Kaiser bestellte bei ihm verschiedene Gemälde, Zeichnungen und Aufrisse, die Dürer zur größten Zufriedenheit ausführte. Der Lohn dafür aber scheint in den meisten Fällen nicht besonders glänzend gewesen zu sein. Das bezeugen des Künstlers Briefe, in welchen er so manche Klage hierüber verlauten läßt. Dagegen wies ihn Max an den Rath zu Nürnberg, der ihm Steuer=, Umgeld= und Auflagen=Freiheit bewilligen sollte. Aber auch daraus wurde nichts, indem der Rath im Jahre 1513 den Künstler bewog, auf diese Gnade freiwillig zu verzichten, damit dieses Beispiel später nicht zu ähnlichen Forderungen an die Stadt Veranlassung gebe.

Zwei Jahre später verschrieb ihm Max *) in Ansehung der Kunst, Schicklichkeit und Vernunft, sowie der nützlichen Dienste, die Dürer ihm und dem Reiche gethan, ein jährliches Leibeding von 100 fl., zahlbar aus der Stadtsteuer, die Nürnberg dem Kaiser jährlich entrichtete. Auf diese Stadt= steuer wurde Dürer im Jahre 1518 noch besonders angewiesen, indem der Kaiser dem Rathe auftrug **), dem Künstler um der Dienste willen, die derselbe an dem kaiserlichen Triumph= Wagen und in ander Weg williglich gethan, 200 fl. aus der auf St. Martinstag 1519 fälligen Steuer zu zahlen. Aber es steht dahin, ob er diese Summe erhalten habe. Denn in einem eigenhändigen, aber undatirten Gesuche bat Dürer den Rath, ihm doch dieses Geld zu zahlen, das ihm der Kaiser verschrieben und das er wohl verdient habe, da er in des Kaisers Dienst und Arbeit viele Zeit zugebracht, ohne jedoch großen Lohn erlangt zu haben. Wenn der Rath befürchte, es könne die Stadt von einem künftigen Kaiser oder Könige um diese 200 fl. angefordert werden, so wolle er ihm seine Behausung unter der Vesten am Eck, die seines Vaters gewe= sen, zum Pfande einsetzen.

---

*) de dato Insprugg 6. September 1515.
**) de dato Augspurg 8. September 1518.

Kaiser Karl V. bestätigte die Verschreibung seines Groß=
vaters und Vorfahren über das Leibgeding von 100 fl., und
befahl dem Rath *), die Summe, die seit seines Ahnherrn
Tod an demselben verfallen sei, und das Leibgeding selbst an
Dürer alle Jahre pünktlich auszuzahlen. Von dieser Zeit an
erhielt er sein Geld regelmäßig; vom Jahre 1521 bis 1527
quittirte er hierüber mehrmals eigenhändig und unter seinem
Siegel oder Petschaft.

Im Jahre 1515 gerieth Dürer mit einem gewissen Jörg
Vierling von Kleinreuth bei Nürnberg in Streit, dessen Ur=
sache unbekannt ist. Vierling schlug den Künstler, bedrohte
und beschuldigte ihn unbilliger Dinge. Der Rath nahm sich
Dürers an, ließ den Vierling ins Lochgefängniß führen, bin=
den und bedrohen, man werde ihm wehe thun, wenn er nicht
gutwillig eingestehe. Soweit ließ es aber Dürer nicht kommen;
er verwendete sich für den Gefangenen, den der Rath sofort
entließ, nachdem er ihm aufgetragen, dem Künstler und allen
Betheiligten durch seine Verwandtschaft mit Leib und Gut
Bürgschaft und Sicherheit leisten zu lassen.

Plan und Zeichnung zur Ausschmückung des Rathhauses
wurden bekanntlich von Dürer entworfen. Durch Rathsdekret
vom Jahre 1521 wurde angeordnet, daß man nach Dürers
Visir oder Zeichnung das Rathhaus malen, die Kosten nach
der Malertaxe berechnen, von Dürer ein Verzeichniß nehmen
und bei den ältern Herren räthig werden soll, was man ihm
für seine Mühe geben soll. Im Jahre 1522 erhielt er
100 fl. „für seine viele Mühe, die er mit Visirung des
Rathhauses gehabt".

Nach Galli 1524 legte Dürer ein Capital von 1000 fl.

---

*) de dato Colln 4 November 1520.

zu einem ewigen Geld oder jährlichen Zins von 50 fl. bei
der Losungsstube an *).

In demselben Jahre heirathete Dürers Gehilfe oder wie
er genannt wird, sein „knecht" Jörg (Penz?) seine Magd.
Er wurde als Bürger aufgenommen und zahlte dafür 2 fl.

Im Jahre 1526 verehrte Dürer dem Rathe seiner
Vaterstadt zu einer ewigen Gedächtniß sein berühmtes Ge=
mälde, das unter dem Namen der vier Complexionen oder
Temperamente des Menschen bekannt ist und auf einer Tafel
St. Petrus und St. Johannes, auf der andern St. Paulus
und St. Marcus darstellt. Campe (loc. cit.) behauptet, das
Gemälde habe Adam und Eva vorgestellt. Das ist aber
irrig. Als Gegenbeweis wollen wir einen Rathsverlaß und
einen Rechnungs-Auszug vom Jahre 1526 anführen:

Item alls Albrecht Dürer ein tafel mit vier billden
zue seiner gedechtnus gemacht, vnnd die eynem erbern
Rath zugestellet vnd damit verert, Ist bey eynem erbern
Rath erteilt, dem gemelten Dürer zusagen, eynem erbern
Rath sey mit nichten gemeynt, solche tafeln dergestallt
zu haben, sonder seyen seyns werds sonst dannckpar
vnd erpötig, das zu gedechtnus zu behallten, aber nicht
mynders vrpötig, Ime dafür zu bezalen, was er doran
verdient hab. Was er also auch fordert, oder ob er
gleich nichts fordern wolt, soll bey den eltern Herrn
angezeigt vnnd von erbarer vergleichung gehanndelt
werden; per Herr Mertin tuchern vnd Herr Sigmund
Fürern. actum sabato 6 octobris 1526.

---

*) S. Campe's Reliquien von Albrecht Dürer p. 58, wo der sehr
interessante Brief abgedruckt ist, in welchem dieser den Rath um
Annahme der 1000 fl. bat. Der Brief wurde i. J. 1524, und
nicht, wie Campe behauptet, i. J. 1525 geschrieben. Obiges
Capital wird in dem Ewiggeld-Register v. J. 1524 aufgeführt.

Item 112 gulbin Reinisch Albrecht Dürer für zwei
groß tafel, die ein St. Peter vnd St. Johanns, die
ander St. Paulus vnd St. Marr künstlichen gemalt,
die er eim Rat geschenkt hat, darfür Ime 100 fl. vnd
seinem weyb 12 fl. für ein vererung geben.

Item 2 gulbin Reinisch des gemeltn Dürers Diener
für ein vererung geben.

Wenn Dürers Werke schon bei seinen Lebzeiten, nament=
lich in den Jahren 1505, 1509, 1511 und 1512 copirt
und nachgedruckt wurden\*), so darf es kein Wunder nehmen,
wenn dieser Nachdruck auch nach seinem Tode fortgesetzt
wurde. Namentlich gilt dieses von Dürers Schriften. Kaum
hatte er die Augen geschlossen, und alsbald beeilte sich der
Formschneider Jeronimus und der Maler Sebald Behaim
sein Büchlein von der menschlichen Proportion durch den
Druck zu veröffentlichen. Nach des Künstlers Tod war dieses
Büchlein auf einmal aus seiner Kunst= und Büchersamm=
lung verschwunden und wahrscheinlich auf unerlaubtem Weg
in die Hände des Formschneiders und Malers gekommen.
Die Sache wurde dem Rathe hinterbracht, und dieser verbot
am 22. Juli 1828 den beiden Künstlern unter Androhung
von Strafen an Leib und Gut, das Büchlein im Drucke
ausgehen zu lassen, bis das von Dürer selbst bearbeitete und
eben im Druck befindliche Werk ausgehe und ans Licht
gebracht werde. Der Maler Sebald Behaim, der selbst ein
solches Büchlein gemacht haben wollte, protestirte gegen dieses
Verbot, der Rath aber ließ es bei seinem frühern Bescheid,

---

\*) S. Reliquien von Albrecht Dürer p. 183, wo das Rathsmandat
abgedruckt ist, wodurch der Verkauf von Kunstbriefen unter dem
Rathhaus verboten wurde, die dem Dürer betrüglich nachgedruckt
und mit seinem Handzeichen versehen waren. Auch hier ist das
Jahr unrichtig angegeben; es heißt nicht 1508, sondern 1512.

und schärfte diesen dem Maler unterm 22. Juli zur genauen Darnachachtung noch einmal ein.

Hans Guldenmund wollte Dürers Triumphwagen nach= machen und hatte schon eine Form dazu angefertigt. Dürers Wittwe klagte dieses dem Rathe, der sodann am 4. Mai 1532 dem Guldenmund verbot, den Triumphwagen nachzumachen. Jedoch rieth er ihr, die Form um 10 fl. vom Guldenmund an sich zu bringen. Wenn sie dieses thue, so wolle er ihr die Hälfte des Geldes ersetzen.

Dürer hatte schon bei seinen Lebzeiten vom Kaiser ein zehnjähriges Privilegium gegen den Nachdruck seiner Bücher und Kunstwerke erhalten. Das hinderte jedoch gewisse Leute nicht, Dürers Werke und namentlich das Buch von der Perspective bald nach seinem Tode ins Latein übersetzen, in Frankreich nachdrucken und an die Buchführer, wie man damals die Buchhändler nannte, allenthalben verkaufen zu lassen. Das geschah namentlich zu Straßburg, Frankfurt, Leipzig, Augs= burg und Antwerpen. Dürers Wittwe, die dadurch sehr beeinträchtigt wurde, nahm abermals ihre Zuflucht zu dem Rath, dem sie das Original des kaiserlichen Privilegiums vorzeigte. Auch zu Nürnberg wurden damals Nachdrucke Dürer'scher Werke verkauft.

Der Rath ließ am 1. Oktober 1532 alle Buchführer der Stadt vorladen und sie ernstlich vor dem Verkauf solcher nachgedruckter Werke warnen. An demselben Tage wurde auch der Beschluß gefaßt, an die Städte Straßburg, Frank= furt, Leipzig, Augsburg und Antwerpen zu schreiben und sie zu bitten, sie möchten ihren Buchführern und Druckern den Verkauf solcher Dürer'schen Nachdrucke in ihrer Stadt sowohl, sowie an andern Orten des hl. Römischen Reiches untersagen. Am 2. Oktober wurden die Schreiben ausgefertigt *).

---

*) S. Beilage I.

Die wenigen Kunstwerke, die Dürers Vaterstadt von der Hand des Meisters besaß, sollten ihr nach und nach, soweit das möglich war, entführt oder ausgeliefert werden. Sie fanden allenthalben Liebhaber. Mächtige Herren bewarben sich um ihren Besitz:

Kaiser Rudolph II. ließ im Jahre 1596 den Rath durch seinen Gesandten J. B. v. Seebach angehen, ihm den der Familie Paumgartner angehörigen, von Dürer gemalten Flügelaltar in der Katharinen-Kirche und die vier Lautensack'schen Tafeln in der Augustiner-Kirche zu überlassen. Der Rath besaß noch den Muth, dem Kaiser dieses Begehren kurzweg abzuschlagen.

Glücklicher war Herzog Maximilian von Bayern, der im Jahre 1612 gleichfalls nach diesem Flügelaltar für seine Kunstkammer trachtete. Man überließ ihm denselben ohne besonderes Widerstreben; man hielt ihn für ein schlechtes Gemälde, das nicht von Dürers Hand sei. Für die Katharinakirche wurde eine Copie angefertigt. Wolf Löffelholz, durch den der Herzog die Auslieferung des Altars betreiben ließ, erhielt von ihm einen silbernen Pokal, und die beiden Paumgartner als Eigenthümer jeder ein goldenes Kettlein mit anhangenden Gnadenpfennigen.

Was ihm als Herzog gelungen, glaubte er auch als Churfürst durchsetzen, ja noch Werthvolleres erlangen zu können. Maximilian hatte zu Nürnberg das berühmte Gemälde der vier Temperamente gesehen, das Dürer seiner Vaterstadt zu seiner Gedächtniß verehrt hatte. Das erzeugte in ihm das Verlangen nach dem Besitze desselben. Im August 1627 schickte er seinen Sekretär und Kammerdiener Augustin Haimbl und seinen Hofmaler nach Nürnberg, um bei dem Rathe die Aushändigung des Gemäldes zu erwirken. Diese boten alles Mögliche auf, um den Rath für die Wünsche ihres Herrn günstig zu stimmen. Haimbl äußerte, es sei des

Churfürsten größtes Vergnügen, in seiner Kunstkammer unter werthvollen Gemälden und Kunstgegenständen zu weilen; eine abschlägige Antwort würde der Stadt des Churfürsten Un= gnade zuziehen.

Nur ungerne und nach langem ernstlichem Widerstreben entschlossen sich endlich die ältern Herren des Rathes, dem Verlangen des Churfürsten nachzukommen. Am meisten wirkte hiebei eben die Furcht vor dem mächtigen Nachbar, dem es nicht an Mitteln und Gelegenheiten fehlte, die Stadt eine abschlägige Antwort entgelten zu lassen. Nachdem die ältern Herren die Gründe für und gegen die Abtretung des Gemäl= des reiflich erwogen *), wurde der Rathskonsulent Dr. Del= hafen sen. am 23. Aug. 1627 zu einem Gutachten aufge= fordert. In demselben sind als Beweggründe für die Ab= tretung unter Anderm angegeben:

1) erkennen hiesige Maler und zwar die besten, daß die von dem Gemälde genommene Copie nicht weit von dem Originale streiche; 2) ist das Original defekt und darum Hoffnung vorhanden, der Churfürst werde die Copie, wenn sie ihm mit dem Originale vorgelegt werde, behalten und dieses wieder zurückschicken; 3) ist am Marcus das ganze Gesicht, und am Johannes der Rock sehr schadhaft; 4) sind dem Originale aus den vier Evangelisten solche Sprüche vom Widerchrist, von Menschensatzungen und Hofahrt beigegeben, daß die Jesuiter zu München ohne Zweifel die Zurücksendung desselben anrathen werden; und 5) sei der Rath ja noch im Besitze einiger Dürer'scher Kunstwerke, z. B. des Bildnisses von Dürer und dessen Vater und des Schnitzwerkes über der Rathsstuben=Thüre.

Am 25. August 1627 dekretirten die ältern Herren so= dann, dem churbayerischen Abgesandten sei anzuzeigen, daß

---

*) S. Beilage II.

sie dem Churfürsten das Original verehren wollten; doch
müsse vorher noch ein Gesammtbeschluß des Rathes abgewar=
tet werden. Dieser kam am 27. August zu Stande, indem
die Gründe, die die ältern Herren zur Abtretung bewogen
hatten, mit dem Zusatze gutgeheißen wurden, daß man den
bayerischen Abgesandten und den Maler aus der Herberge
lösen i. e. ihre Zeche bezahlen soll.

Die Originale sammt 2 Copien wurden sofort dem
Churfürsten übersendet; dieser behielt troß der Bibelsprüche,
die ihn zurückschrecken sollten, die Originale; die Copien ließ
er an die Absender zurückgehen; sie waren von dem Maler
Georg Gärtner angefertigt; am 18. September brachte man
sie in die Losungsstube zurück.

Maximilian zeigte sich für die Erfüllung seines Wun=
sches erkenntlich. Als Obrist Blarer sieben bayerische Fähn=
lein dem Grafen Tilly zuführte, befahl der Churfürst, daß
sie das Gebiet der Stadt Nürnberg nirgends berühren, ihre
Unterthanen in keiner Weise beschweren, sondern dieselben
allenthalben verschonen sollten.

Den letzten Rest Dürer'scher Kunstwerke verschenkte der
Rath im Jahre 1635 an König Karl II. von England.
Näher sind dieselben nicht bezeichnet. Karl dankte dafür in
einem Schreiben de dato e nostro palatio Westmonastrj
die XVIII. Martij 1636.

---

## III. Veit Stoß.

Veit Stoß wurde im Jahre 1496 zu Nürnberg als Bürger
aufgenommen. Er soll zu Krackau in Polen geboren sein.
Es ist jedoch möglich, daß er entweder selbst aus Nürnberg
dorthin ausgewandert, oder aber daß er von einer Nürnberger

Familie abstammte, die sich zu Krakau niedergelassen. Die Familie Stoß war schon seit dem Beginne des XV. Jahrhunderts zu Nürnberg eingebürgert. Im Jahre 1415 erhielt Michel Stoß, Gürtler, und im Jahre 1476 Fritz Stoß ꝛc. die Bürgeraufnahme.

Bald nach seiner Niederlassung kaufte Stoß eines der Häuser, die Kaiser Max nach Vertreibung der Juden aus Nürnberg als Kammergut eingezogen und dem Rathe daselbst überlassen hatte, um die Summe von 800 fl.

Im Jahre 1501 legte er 1200 fl. zu einem ewigen Geld oder jährlichen Zins von 50 fl. in der Losungsstube an. Es erhellt daraus, daß seine häuslichen Verhältnisse wohl geordnet gewesen. Um so mehr verwundert man sich, diesen hoch begabten und äußerst thätigen Künstler eines gemeinen Verbrechens angeklagt und überwiesen zu sehen.

Stoß gerieth nämlich mit einem Handelsmann aus Nürnberg, Namens Jacob Baner, in einen Prozeß. Bei dieser Gelegenheit producirte er einen Schuldbrief Baners, worin dieser sich gegen Stoß zu einer Schuld von 1200 fl. bekannte. Der Brief war unter Baners Secret gefertigt. Der Prozeß war aber noch nicht aus, da floh Stoß plötzlich in die Freiung eines Klosters in der Stadt. Von hier aus unterhandelte er mit seinem Gegner wegen Bezahlung der Gerichtskosten. Auch versprach er, dem richterlichen Erkenntniß Gehorsam zu leisten. Sich sicher wähnend, verließ er das Kloster. Der Rath aber, der bereits Verdacht geschöpft hatte, ließ den Künstler gefangen nehmen und verhören. Ohne das peinliche Verfahren abzuwarten, gestand Stoß, daß er den producirten Schuldbrief Baners selbst geschrieben, die Handschrift desselben nachgemacht, Baners Sekret an einem andern Briefe abgedruckt und mit subtilen Künsten zugerichtet, den falschen Brief damit gesiegelt und diesen in und außer Gericht producirt habe.

Ein solches Verbrechen pflegte der Rath mit dem Tode zu bestrafen. Aber von vielen Seiten gingen Fürbitten um Begnadigung ein, und der Rath selbst war zur Milde und Gnade geneigt. Er schenkte dem Künstler das Leben, aber er ließ ihn im Jahre 1503 brandmarken. Der Züchtiger oder Scharfrichter brannte ihn mit einem Eisen durch beide Backen.

Unterdessen hatte der Schwiegersohn des Künstlers, Namens Georg Trummer, eines Irhers oder Weißgerbers Sohn, die Stadt verlassen. Er begab sich in den Schutz Hermans und Theodors der Reitesel (Riedesel), der Erbmarschalle von Hessen. Diese nahmen sich ihres Schützlings an und forderten von dem Rath Genugthuung für Stoß und dessen Schwiegersohn. Der Rath antwortete ihnen in einem Schreiben vom 2. Januar 1504*), worin er den Hergang der ganzen Sache auseinandersetzte und Stoßen's Verbrechen schilderte. Als man diesen von den Forderungen der Reitesel und den Schritten seines Schwiegersohnes in Kenntniß setzte, betheuerte er bei seinem Eide, ihm sei weder wenig noch viel von diesem Schreiben bekannt, auch sei alles ohne seinen Willen geschehen. Dies ließ der Rath im Monat Januar 1504 hinwider an die Reitesel gelangen.

Während noch mehre solche Schreiben hin und hergingen, floh Stoß aus der Stadt, obwohl er bei seiner Entlassung aus dem Gefängniß geschworen hatte, die Stadt sein Leben lang nicht verlassen zu wollen. Nach seiner Entfernung bat er in einem Schreiben den Rath um Verzeihung wegen seines Austretens. Denn es sei Rede an ihn gekommen, man werde zu ihm greifen, wenn sein Schwiegersohn etwas Feindliches gegen die Stadt unternehme. Da nun derselbe und die Reitesel heftige Briefe an den Rath gerichtet, sei ihm die

---

*) S. Beilage III.

Furcht also hart angekommen, daß er gedacht, es sei besser taidingen (unterhandeln) in der Stauden als im Loch. Durch Bauer und Trummer sei er um 4000 fl. gekommen. Der Rath möge ihm daher verzeihen und Rechtens gegen Bauer und dessen Gesellschaft gestatten, oder sein Bürgerrecht von ihm annehmen. Auch bat er um Geleite. Dies schlug ihm der Rath unterm 4. November 1504 ab, weil Stoß meineidig geworden.

Als man auf die Forderungen Trummers nicht einging, schickte er dem Rathe 1505 einen Absagebrief. Dieser dagegen ließ durch seine Agenten am kaiserlichen Hofe, Dr. Erasmus Topler, Probst zu St. Sebald, und Jorg Holzschuher, bei Kaiser Maximilian das Ansuchen stellen, den Trummer in die Reichs-Acht zu erklären. Soweit jedoch scheint es nicht gekommen zu sein. Außer den Reiteseln nahm sich auch Graf Reinhard von Hanau Trummers an. Jetzt wendete sich der Rath an den Landgrafen von Hessen, daß er vermittle und über die Ansprüche Trummers entscheide. Das fruchtete aber ebenso wenig. Der Zwist mit Trummer machte der Stadt noch mehre Jahre zu schaffen. Daß Stoß die Hand im Spiele gehabt, ist kaum zu leugnen.

Um alle Weiterungen zu vermeiden, suchte der Rath, den Künstler zur Rückkehr zu bewegen. Der Rathschreiber Johann Mülbeck erhielt den Auftrag, Stoßens Hausfrau in seinem Namen zu bereden, sie möge den Rath anrufen, daß er ihrem Manne freies und sicheres Geleite zu einem Verhöre gebe. Dieselbe that, wie ihr Mülbeck angerathen, und der Rath schrieb gegen Ende Mai 1505 an Stoß, man werde ihm auf 6 Tage Geleit geben, wenn er in Monatsfrist in die Stadt komme. Bauer habe dazu seine Einwilligung gegeben.

Stoß nahm das Geleite an und kam im Juni nach Nürnberg, wo er sein Wegziehen zu entschuldigen suchte. Am

14. Juni beschloß der Rath, ihn in die Stadt wieder ein=
kommen zu lassen, doch soll er sich in eine bürgerliche Strafe
begeben und vier Wochen auf einem versperrten Thurm sitzen;
die Hälfte dieser Strafe müsse er mit seinem Leibe absitzen,
die andere Hälfte könne er mit Geld ablösen. Auch soll er
von Neuem zu Gott und den Heiligen schwören, daß er ohne
besondere Bewilligung des Rathes die Stadt sein Lebenlang
nicht verlassen wolle. Das nahm Stoß zu Dank an, doch
begehrte er, man möge ihm zur Abstellung seines Handels,
den er bei etlichen Herrn und Edelleuten Jakoben Baners
halben anhängig gemacht, und zur Einbringung ausstehender
Schulden ein Jahr Frist geben. Der Rath ging darauf nicht
ein, sondern bewilligte ihm nur, je zu Zeiten auf drei oder
vier Wochen eine Geschäftsreise zu machen. Auch wurde ihm
aufgelegt, außer gütlichen Rechtens gegen Baner nichts Un=
freundliches fürzunehmen, und denselben nicht weiter zu
schmähen.

Am 16. Juni legte Stoß in die Hände Conrat Imhofs
und Stephan Volkamers den verlangten Eid ab. Als seinem
Verlangen, den Strafantritt auf ein Jahr zu verschieben,
nicht willfahrt wurde, begab er sich Ende Juli auf den
Strafthurm.

Stoß trieb mit den Erzeugnissen seiner Kunst einen
nicht unbeträchtlichen Handel. Die Messen Süd= und Mittel=
deutschlands wurden von ihm häufig besucht. Das Verbot
des Rathes, die Stadt nicht ohne besondere Bewilligung zu
verlassen, mußte ihm daher sehr schwer fallen. Im Januar
1506 stellte er das Ansuchen, man möge ihm erlauben, aus
der Stadt zu gehen, wenn ihm an auswärtigen Orten Arbeit
zustehe. Darauf erhielt er am 7. März die Erlaubniß, die
Frankfurter Fastenmesse mit seiner Arbeit zu besuchen.

Stoß war aber damit nicht zufrieden, er wollte unbe=
dingte Freiheit, und stellte außerdem das Verlangen, an einem

Pfeiler der St. Sebaldskirche ein Gedächtnißbild setzen zu dürfen. Zu letzterem, erwiderte der Rath am 20. März 1506, könne er keine Vollmacht ertheilen; im Uebrigen aber befehle man ihm, von den Reden, daß er kein Unrecht gethan und nicht gesündigt habe, und daß er gerecht sei, abzustehen und die nicht mehr hören zu lassen; widrigenfalls man zu Anderm geursacht würde.

Stoß war bei dem Rath überhaupt nicht gut ange-schrieben, so sehr man auch sonst seine Talente und Kunst in Ehren hielt. In den Urkunden wird er genannt „ein vnruwi-ger hayloser Burger, der einem Erbern Rat vnd gemainer Statt vil vnruw gemacht hatt". Namentlich fiel er auch mit seinen Forderungen lästig.

Er hatte nämlich schon im Jahre 1496 oder 1497 mit dem Rathe einen Contract gemacht, wodurch er sich verpflich-tete, „ein groß werck der prucken" herzustellen *). Dagegen versprach ihm der Rath ein jährliches Leibgeding von 150 fl., wenn er das Werk seinem Erbieten nach und in gewünschter Weise herstelle. Stoß unterzog sich der Arbeit, machte das Werk auf eigene Kosten und bezahlte dafür um 30 fl. Eisen-werk und alles Taglohn. Das nöthige Holz gab ihm der Rath. — Für diesen machte er außerdem noch ein „klain

---

*) Soll dies Wort eine Brücke i. e. ein Modell zu einer Brücke bedeuten? Schwerlich. Der Ausdruck „pruck" bezeichnete zur damaligen Zeit auch einen erhabenen Ort, eine Bühne, ein Gerüste mit Bogen und Pfeilern. Stoß soll einen Plan zu einem Grabmal des hl. Sebaldus in der Form des Sacra-menthauses in der St. Lorenzenkirche gemacht haben. Vielleicht hat er diesen Plan durch sein „groß werck der prucken" aus-geführt. Der Vorschlag, dem hl. Sebald ein neues Grabmal zu errichten, datirt jedenfalls aus dem letzten Decennium des XV. Jahrhunderts.

prucken werd"*), wofür ihm 34 fl. versprochen wurden, und
das allen Beifall gefunden hatte. — Als ein Pfeiler im
Rednitzflusse bei Stein zu wanken begann, erbot er sich, den=
selben wieder herzustellen und vor künftigem Schaden zu ver=
wahren. Er leistete das Versprochene.

Für alle diese Arbeiten forderte er im Monat März
1506 seinen Lohn, und zwar für das große Werk das seit
8 Jahren verfallene Leibgeding im Betrage von 1200 fl.,
und für die künftigen Jahre die jährliche Entrichtung von
150 fl. und den Ersatz seiner baaren Auslagen. Man möge
das Werk vorher noch einmal prüfen und, wenn es gerecht
befunden werde, ihm das Bedungene auszahlen. Außerdem
aber soll man es von Niemand besichtigen lassen, und auch
nicht gebrauchen, sondern es zerlegen und zu nichte machen.

Für das kleine Werk forderte er die versprochenen 34 fl.,
oder man soll es gleichfalls abthun, auch nicht mehr gebrau=
chen und von Niemand besichtigen lassen. Wolle man dieses
nicht, so soll man es ihm ausliefern und erlauben, daß er es
an König Max, an den Pfalzgrafen oder an andere Orte
verkaufe, wo er Hoffnung habe, es gut anzuwerben, und wo
es nach Verdienst bezahlt werde.

Für den Pfeiler in der Rednitz sei ihm ziemliche Beloh=
nung versprochen worden. Alle Werkleute und auch sonst
Jedermann habe an der Wiederherstellung desselben verzweifelt.
Aber er habe dieselbe übernommen und mit bestem Erfolge

---

*) Der ursprüngliche Plan zu St. Sebalds Grab, wie es von
   Peter Vischer ausgeführt wurde, soll gleichfalls von Stoß her=
   rühren. Vielleicht machte er dazu das Modell, das er als das
   „klain prucken werd" bezeichnete. Der Entschluß, dem Meister
   Peter Vischer die Anfertigung eines Grabmals aus Messing
   zu übertragen, wurde erst i. J. 1507 gefaßt, nachdem man mit
   Stoß neuerdings in Streit gerathen war.

ausgeführt, einem Rath dadurch bei 700 fl. erspart, und den
Pfeiler mit seiner Kunst, die ihm Gott verliehen, so fest gemacht, daß er ewiglich nicht mehr schadhaft werde. Er ver-
lange dafür nicht mehr als 50 fl., obwohl die von Ulm einem
Meister aus Augsburg, der ihnen zu ihrem Gebäu seinen
Rath gegeben, dafür allein ein jährliches Leibgeding von 50 fl.
versprochen haben. Man soll das Werk durch einen Meister
aus Augsburg oder Ulm besichtigen lassen; denn zu Nürnberg
sei keiner, der das verstehe.

Sodann habe er, als er aus Polen gekommen, einen
guten polnischen Wagen* nach Nürnberg gebracht. Diesen
habe der Stadt-Baumeister Seitz Pfintzing zu seinen Handen
genommen. Dafür begehre er 10 fl.

Wenn ein Rath eine oder mehre dieser Forderungen
nicht anerkennen wolle, so erbiete er sich zu Recht vor dem
Rath der Städte Cöln, Straßburg, Augsburg und Ulm, bei
welchem derselben es einem Rathe am gelegensten wäre.

Dieser aber ging auf Stoßens Forderungen nicht ein,
sondern ließ ihm sein Mißfallen darüber kund geben und
eröffnen, er sei bezüglich des großen Werkes seinen Zusagen
und seiner Verschreibung nicht nachgekommen, man sei ihm
daher auch nichts schuldig; doch wolle man seiner Bitte willfahren und das Werk in seiner Anwesenheit zerlegen und
vernichten. Für seine Auslagen wolle man ihm die geforderten
25 fl. bezahlen. Für das kleine Werk seien ihm nur 22 fl.
versprochen worden und diese sollen ihm an seiner Schuld
abgehen. Seinem Wunsche, dasselbe abzuthun, soll nachgekommen werden. — Für den Pfeiler sei ihm nichts versprochen worden, doch wolle man ihm für seine Mühe 10 fl.
geben, und wegen des polnischen Wagens sich erkundigen.
Man werde dann thun, was Recht sei. Wolle er sich damit
nicht zufrieden stellen, so erbiete sich ihm ein Rath zu Recht
auf die Stadt Windsheim oder Weißenburg. Dabei müsse

es Stoß als ein gehorsamer Bürger bleiben lassen und von seinen Drohreden abstehen.

Dieser aber beruhigte sich dabei nicht, sondern blieb bei seiner Forderung stehen. Auch weigerte er sich, bei den Städten Windsheim oder Weißenburg Recht zu suchen; dagegen ließ er sich verlauten, er werde die Stadt bei königlicher Majestät verklagen und allda Rath suchen; er wisse schon, wie er den Rath verklagen müsse, und sei durchaus nicht gesonnen, die Sache also beruhen und liegen zu lassen.

Auf dieses hin beschloß der Rath am 26. März 1506, sich seiner zu bemächtigen und ihn ins Lochgefängniß zu bringen, was auch ohne Verzug sofort zur Ausführung kam.

Stoß saß aber diesmal nicht lange; nach kurzer Zeit erhielt er seine Freiheit wieder. Er schrieb nämlich an den Rath, er wolle das Recht, das ihm auf Windsheim oder Weißenburg geboten worden, nicht allda, sondern, wie es einem armen Bürger zustehe, zu Nürnberg selbst nehmen *). Das verschaffte ihm seine Freiheit **).

Um diese Zeit arbeitete er an zwei Bildern unter das Kreuz in Unser Lieben Frauenkirche, wozu er von dem Rath eine Linde aus dem Walde nach Waldsordnung verlangte. Diese Bitte wurde ihm gewährt, aber sein erneuertes Ansuchen, ohne besondere Erlaubniß aus der Stadt und weiter als in seinen Garten wandern zu dürfen, wurde ihm am 30. Mai 1506 abgeschlagen und der frühere Beschluß eingeschärft.

---

*) In diesem Schreiben unterzeichnet er sich „Feyt stwoß" und nennt er in fremdländischer Mundart in seiner Anrede den Rath „Jwrsichtien gwnstyen Herren".

**) Bald darauf erhielt er vom Rath 40 fl. Landswehrung und zwar, wie es heißt, für etlich Arbeit, die er gemeiner Stadt gemacht hatte. Vielleicht war das eine Abfindungs=Summe für seine Ansprüche.

Nicht lange darnach setzte er es bei König Maximilian durch, daß ihm dieser in Form eines königlichen Mandats einen Restitutions= und Rehabilitationsbrief ertheilte, der ihn aller bürgerlichen Ehren wieder theilhaftig machte und die Schmach der Brandmarkung vertilgen sollte. Stoß bat den Rath wiederholt, ihn dieses Mandat öffentlich anschlagen zu lassen. Derselbe wollte sich aber dazu nicht verstehen, und suchte den Künstler zu bereden, er möge sich des Mandats nicht bedienen; und dürfe sich dann von Seiten eines Rathes keiner weitern Ungunst versehen. Das geschah am 7. September 1506.

Nach dieser Zeit war Stoß mit Arbeiten für König Maximilian beschäftigt. In den Monaten Februar und März 1507 erhielt er die Erlaubniß, sich an des Königs Hof zu begeben und in desselben Geschäften ohne besondere Erlaubniß sich auf eine Meile von Nürnberg zu entfernen. Doch soll er ohne Wissen des Rathes über Nacht nicht aus der Stadt bleiben.

Seinen Kunstgenossen gegenüber war des Künstlers Stellung seit seiner Brandmarkung nicht die angenehmste. Die Meister und Gesellen des Bildschnitzens wollten bei ihm nicht Arbeit nehmen, auch nicht nach seiner Rehabilitirung durch Maximilian. Er beklagte sich darüber beim Rath, den er anging, derselbe möge sämmtliche Bildschnitzer, Meister und Gesellen, durch einen Stadtknecht zusammenrufen und ihnen die kaiserlichen Briefe und seine Begnadung vorhalten lassen. Auf diese Bitte ward ihm am 20. Oktober 1508 der Bescheid, er soll seine Briefe den Bildschnitzern nur selbst eröffnen. Ob sie dann bei ihm arbeiten oder nicht, das lasse ein Rath geschehen. Dieser wolle Niemand weder dazu nöthen noch auch davon abhalten. Begegne aber Stoßen von einem Meister oder Gesellen Unbilliges oder werde er geschmäht, so werde man ihn schützen.

Stoß war zweimal verheirathet. Seine zweite Frau
starb am 9. August 1526 in Abwesenheit ihres Gatten.
Etliche wollten sogleich zu seinem Gute greifen, aber der
Rath wehrte es ihnen, und ließ des Künstlers Hab und Gut
im Beisein seiner Verwandtschaft inventarisiren und in Ver=
wahrung nehmen.

Stoß war bereits hochbejahrt. Aber nichts besto minder
fing er bald nach seiner Rückkehr abermals einen Prozeß an,
und zwar diesmal mit Peter Imhof und dem Hirschvogel,
gegen die er verschiedene von Hanns Starzedel herrührende
Forderungen geltend machen wollte. Dieselben erboten sich
zu Recht, Stoß wollte es aber nicht annehmen. Da gebot
ihm der Rath am 25. Mai 1527, seine Gegner nicht vom
Rechten zu bringen; auch mußte er schwören, daß er diesen
Handel seinen Söhnen nicht übertragen wolle. Man werde
es ihn an seinem Leibe büßen lassen, wenn dem Imhof oder
Hirschvogel darüber etwas Arges zustehen sollte. Darauf
verlangte Stoß, der Rath soll ihm einen seiner Doctoren zu
einem Advocaten geben. Man ließ ihm die Wahl zwischen
Dr. Michel Marstaller und Dr. Valtin Ketzler. Dr. Christoph
Scheurl vertrat den Imhof und Hirschvogel. Der Ausgang
dieses Prozesses ist nicht bekannt. In dem Rathsbekret, wo=
durch ihm ein Anwalt zugetheilt wurde, wird Stoß abermals
ein „Irrig vnd geschrezig man" genannt.

Er starb im Jahre 1533 und hinterließ viele Kinder. Sein
Sohn Martin Stoß gab im Jahre 1535 das Bürgerrecht auf;
ein anderer Sohn, Namens Andreas, war Carmeliter=Pro=
vinzial und wurde nach dem Eintritt der Reformation aus
der Stadt geschafft. Dieser forderte im Jahre 1537 vom Rath
die Tafel zurück, die sein Vater ins Carmeliterkloster gemacht
hatte. Der Rath verstand sich dazu. Ein dritter Sohn,
Namens Florian Stoß, forderte den Rath im Jahre 1541 eben=
falls wegen seines Vaters an und verlangte insbesonders

die Auslieferung eines Bildes bei den Augustinern. Der Rath erklärte, man wolle es ihm geben, wenn er die 150 fl. bezahle, die darauf hinausgegeben worden.

---

## IV. Peter Vischer und seine Söhne und das Messing= gitter auf dem Rathhaus.

Peter Vischer, der Sohn des bekannten Rothschmieds, Meister Peter Vischers, hatte noch bei Lebzeiten dieses seines Vaters vom Sächsischen Hofe den Auftrag erhalten, ein Grabmal des verstorbenen Churfürsten Friedrich anzufertigen. Im Frühjahre 1527 war es fertig. Die Herren vom Rath, welchen es vorgezeigt wurde, zollten demselben ihren Beifall und befahlen am 22. Mai den geschwornen Meistern des Rothschmied=Handwerks, das Grabmal als Meisterstück anzu= nehmen und den Verfertiger desselben als Meister anzuer= kennen. Dies soll jedoch nur ausnahmsweise geschehen und dem Handwerk und seinen Ordnungen keinen Nachtheil brin= gen. Die geschwornen Meister protestirten aber dagegen und kamen dem Befehle des Rathes nicht nach, so daß derselbe unterm 22. Mai 1532 mit dem Beisatz wiederholt wurde, Peter Vischer bestehe mit dem gemachten Grabmal als Meister gar wohl, wenn er auch die Meisterstücke nicht immer in verschriftsmäßiger Ordnung mache.

Peter Vischer der Vater hatte schon mehre Jahre vor seinem Ableben (6. Jan. 1529) zu dem Begräbniß der Fugger in Augsburg ein großes kunstreiches Gitter aus Messing angefertigt. Es kam aber nie an den Ort seiner Bestimmung und lag lange in einem Winkel des Zeughauses

zu Nürnberg aufbewahrt. Nach des Meisters Tode boten es
seine Erben dem Rathe zum Kaufe an und zwar den Zentner
um 6 fl. Dabei verpflichteten sich seine Söhne, wenn es
der Rath aufstellen lasse, alle Mängel gegen billige Entschä=
digung ergänzen zu wollen. Der Rath nahm das Anerbieten
an und kaufte das Gitter am 15. Juli 1530. Es wog
damals 156 Zentner 77 Pfund. Er bezahlte dafür 940 fl.
5 Pfund und 6 Schilling Pfennige.

Am 10. März 1531 wurde im Rathe beschlossen, es
herrichten und sodann im Gerichtssaale aufstellen zu lassen.
Die Ergänzung und Herstellung des Gitters übernahm des
verstorbenen Meisters Sohn, Meister Hanns Vischer der
Gießer, wie er immer genannt wird. Er hatte versprochen,
das Ganze innerhalb eines halben Jahres fertig zu machen.
Das konnte er aber nicht leisten, und die Arbeit ging je
länger, je langsamer von Statten. Meister Hanns forderte
unaufhörlich Vorschüsse. Der Rath ließ sie ihm jedesmal
auszahlen, aber das Werk wollte nicht fertig werden. Noch
in den Jahren 1537, 1538 und 1540 wurden dem Meister
mehre Vorschüsse im Betrage von 50 bis 250 fl. aus=
bezahlt. Der Rath befahl ihm in den Jahren 1538 und
1539 zu wiederholten Malen, keine andere Arbeit mehr unter
die Hand zu nehmen, oder man werde ihn strafen und auf
einen Thurm legen. Als äußersten Termin bezeichnete man
ihm Weihnachten 1539. Diese Drohung wirkte: Im Januar
1540 war das Gitter vollständig hergestellt. Am 16. April
dieses Jahres wurde verordnet, daß man am 19. April mit
der Aufstellung desselben beginnen soll.

Für die neue Arbeit, die er am Gitter machte, erhielt
Meister Hanns für jeden Zentner 18 fl., für die alte, die
er vollständig fertig machte, 2 fl. vom Zentner, und für die
alte zerbrochene Arbeit, die er wieder herstellte und ausbesserte,
12 fl. vom Zentner. Im Ganzen kostete es den Rath

2796½ fl., die allein an Hanns Vischer und seine Miterben ausbezahlt wurden, wie aus folgender Rechnung ersichtlich ist:

Dedimus 1855 fl. Reinisch, 1 Pfund neui, 17 Schilling haller Hanns vischer amm graben für die außberaitung, vnkosten vnd newe arbait deß Messen Gitter auffm Rathaus vber 940 fl. 5 Pfund 6 Pfennig deß ersten Kauffs In Anno 1530 von Jme vnd seinen miterben verkaufft, als es In das zeughaus gelegt ward, also das es gar vnd entlich cost 2796½ fl. vber etlich außgeben durch den paumaister beschehen, Nemlich der alten arbait aus dem zewghaus, so vnzerprochen bliben vnd außberait worden, 137 Centner 89 Pfd. zu 2 fl. vom Centner thut 275 fl. 6 Pfd. 16 Pfennig seiner newgemachten arbait 78 Centner 29 Pfd. zu 18 fl. den Centner thut 1409 fl. 1 Pfd. 2 Pfennig, vnd 9 Centner 12 Pfd. alte zerprochene arbait wider gemacht zu 12 fl. den Centner thut 109 fl. 3 Pfd. 20 Pfennig, also das es In Summa wigt 225 Centner 30 Pfd., dagegen Ist Jme wider an geld abgeschlagen 9 centner 96 Pfd. abseylichs an der alten arbait zu 6 fl. den centner, thut 58 fl. 4 Pfd. 20 Pfennig, vnnd Jme zu vbermas seines beclagten nachtails geben 114 fl. vnd seinen Sunnen vnd knechten zu Trinkgelt. Actum Sabato ad 8 Januarij 1541.

Dedimus 70 gulden müntz Sebald Peckhenn pildthawr für die Staynne airbait neben dem Messinggitter des Statgerichts. Actum quarta 30 Martze 1541.

Obige 114 fl. erhielt Meister Hanns, weil er sich beschwerte, daß während der Arbeit der Messing so sehr im Preise gestiegen sei. Die 2 fl. für den Zentner der alten Arbeit, die er noch ausarbeiten mußte, erhielt er nach einem Ausspruch der geschwornen Meister. Ueber dieses Alles machte ihm der Rath auch noch ein Geschenk mit 150 fl.

Nachdem das Gitter aufgestellt war, traf man die Anordnung, daß man einen aus dem Handwerk bestellte, der es,
so oft es anlaufe, vor Rost bewahren, und für diese seine
Mühe jährlich 4 bis 6 fl. erhalten soll.

Nachdem es gegen drei Jahrhunderte eine Zierde und
der Stolz Nürnbergs gewesen, wurde es nach dem Uebergang
dieser Reichsstadt an die Krone Bayern im November 1806
auf Befehl des kgl. bayerischen General-Landes-Commissariats
in Franken unter Aufsicht des Architekten von Haller abgebrochen und versteigert. Es wog 225 Zentner 23 Pfund.
Bei der Versteigerung kam es in den Besitz des Kaufmanns
Fränkel in Fürth, der das Meistgebot stellte. Er kaufte den
Zentner um 53 fl. 32 kr. und das Ganze um 12057 fl.
18 kr.; überließ es aber sofort mit einem Gewinn von
1000 fl. an den Kaufmann Schnell in Nürnberg. Was
dieser mit dem Gitter anfing, ist nicht bekannt; man sagt,
er habe es eingeschmolzen; anderseits wird behauptet, er habe
es nach Lyon verkauft.

Es soll von vortrefflicher Arbeit gewesen und nicht sei-
nes Gleichen gehabt haben. Oben an den Seiten-Eingängen
war gegen die Außenseite der Kampf der Centauren und
Lapithen abgebildet. Die Muskulatur der Kämpfenden war
von ausgezeichneter Arbeit. Ueber dem Haupteingange im
Fronton befand sich Gott Vater und neben ihm Engelköpfe.
Inwendig hielten Genien die Wappen der Reichsstadt empor.
Pancratius Labenwolf, der das Gitter aufstellte, machte dazu
einige Wappen und andere Verzierungen in halb erhabener
Arbeit.

Nach dem Abbruch bestand es aus folgenden Theilen:

## 1. Mittlerer Aufsatz.

Zwei Giebelfelder in der Frontispice mit dem Obergesimse,
wogen 6 Zentner 23 Pfund.

Vier Hauptgesimse, wogen 5 Zentner 92 Pfund.

Drei Bögen über den Säulen, wogen 3 Zentner 30 Pfund.

Zwei jonische Eckpilaster, wogen 6 Zentner 81 Pfund.

Vier jonische kleine Säulen des Aufsatzes, bestehend aus 2 ganzen und 2 halben Säulen, wogen 2 Zentner 87 Pfund.

Vier Stücke des durchlaufenden Sockels unter den kleinen Säulen, wogen 5 Zentner 32 Pfund.

Sechzehn Verkröpfungen an dem Hauptgesimse über den großen Säulen, wogen 11 Zentner 92 Pfund.

### 2. Das Gitter und seine architektonischen Verzierungen.

Sieben Hauptgesimse, wogen 25 Zentner 68 Pfund.

Sechzehn Capitale im jonischen Styl, wogen 7 Zentner 63 Pfund.

Sechzehn Säulenschäfte, wogen 31 Zentner 96 Pfund.

Sechzehn Säulenstühle, wogen 22 Zentner 95 Pfund.

Zwei mittlere Bogenthür-Flügel, wogen 7 Zentner 68 Pfund.

Zwei halbe Bogentheile über der mittlern Thüre, wogen 8 Zentner 69 Pfund.

Vier Seitenthür-Flügel, wogen 8 Zentner 19 Pfund.

Vier Frontons über den Seitenthüren mit Obergesimsen in Form eines Segments, wogen 9 Zentner 40 Pfund.

Vier Giebelfelder über den Seitenthüren, wogen 3 Zentner 10 Pfund.

Sechs Seitenstücke an den Thüren und zwischen den Säulen, wogen 41 Zentner 79 Pfund.

Vier Gitter zwischen den Thüren und Säulen, wogen 9 Zentner 22 Pfund, diese waren aus 24 einzelnen Theilen zusammengesetzt.

Zwei geflügelte Genienköpfe über der mittlern Bogenthüre.

Zwölf kleine Rosetten als Schraubenmuttern zum Zusammenhalten des Architravs.

Vier durchbrochene Eckverzierungen an den Giebelfeldern über
den Seitenthüren, und

Sieben Blätter zu einer Verzierung auf den obern Geh-
rungen der Seitenthüren-Verkleidung, wogen 1 Zentner
24 Pfund.

3. Bronce-Theile zur Befestigung der einzelnen
Stücke.

Zwölf Platten zum Zusammenhalten der Frontispice und des
Hauptgesimses über dem Gitter.

Sechs Bogenplatten zum Zusammenhalten des Fronton.

Vier viereckigte Stücke mit schräg abgehauenen Enden.

Sechs kleine Schrauben mit Erbsköpfen, im Ganzen 28 Stücke,
wogen 5 Zentner 33 Pfund.

Das Ganze bestand aus 168 Stücken.

---

# V. Buntes aus der Nürnberger Kunst- und Künstlerwelt.

## 1. Der schöne Brunnen.

Zur Zeit, als Hans Grafer Stadtbaumeister war, im
Sommer 1447 wurde der schöne Brunnen am Markt bei
der Wechsel von einem Maler gefaßt. Dieser erhielt 500 fl.,
eine für die damalige Zeit sehr bedeutende Summe, die auf
umfassende Arbeiten schließen läßt. Der Brunnen stand damals auf einem gevierten Pfeiler und einem Gewölbe in der

Breite, die der Brunnenkasten oben hatte. In dem Gewölbe befand sich ein mit einer hölzernen Thüre verdecktes Loch, das gegen den Salzmarkt hinabführte. Das Wasser wurde in 2 hölzernen Röhren bis an die Rinne geführt, die um den Brunnen ging. Von da an war das Wasser in Blei= röhren gefaßt. Die eine ging von der Rinne auf das Gewölb bis zu der andern Staffel und unter derselben um den Brunnenkasten herum. In dem Gemäuer des Kastens theilte sie sich sodann in 8 kleinere Röhren und aus diesen lief das Wasser in die 8 Pfeilerlein, die außen am Kasten standen und Wasser gaben. Die andere ging auch bis an das Gewölbe unter dem Pflaster, auf dem der Brunnen stand, so daß das Wasser zwischen dem untern Gewölbe und dem obern Wasserkasten bis mitten in den Brunnen durch die mittlere Säule in das obere Gehäuse lief, und allda in acht Röhrlein in den Wasserkasten sprang.

### 2. Maler Hanns Gleisenmüller aus München trägt dem Rath zu Nürnberg seine Kriegsmaschine an.

Im Jahre 1448 rüstete sich der Rath zu Nürnberg zur Gegenwehr gegen Markgraf Albrecht Achilles von Bran= denburg und seine fürstlichen und adeligen Bundesgenossen, die es auf die Reichsstädte, namentlich aber auf das mächtige und reiche Nürnberg abgesehen hatten. Hanns Gleisenmüller, Maler und Bürger zu München, der davon hörte und in der Herstellung von Kriegsmaschinen und dergleichen Arbeiten erfahren war, trug dem Rath etliche meisterliche Stücke zum Kaufe an, und erbot sich, selbst nach Nürnberg zu kommen. Der Rath antwortete ihm aber um Allerheiligen 1448, letz= teres sei nicht nothwendig, und was die Stuck, zur Wehre dienend, betreffe, so sei die Stadt von den Gnaden Gottes mit denselben gar wohl und in mancherlei Art versehen.

### 3. Die Majestätssiegel des Königs Ladislaus von Böhmen werden von Nürnberg'schen Goldschmieden gegraben.

Als König Ladislaus von Böhmen i. J. 1452 sein Majestätssiegel graben lassen wollte, wendete er sich an den Rath zu Nürnberg und dieser an Seitz Herdegen, Goldschmied und Bürger daselbst *). Dieser schickte dem König etliche Siegel= muster. Sie gefielen dem Könige; er wünschte, Herdegen möge nach Prag kommen und die Siegel allda anfertigen. Der Meister erklärte sich dazu bereit, jedoch wolle er noch einen andern Meister der Kunst mitbringen, damit die Arbeit förderlicher von Statten gehe. Denn das Bild der Majestät müsse zweifach angefertigt werden, und dies erfordere viele Zeit und Mühe. Dies schrieb der Rath am 26. Februar 1453 dem König mit dem Beisatz, beide Meister seien red= liche Leute, in gutem Wesen und stattlichen Werkstätten ge= sessen, und darum hart von Statten zu bringen, wenn man sie nicht beide zugleich kommen lasse.

Seitz Herdegen machte gemeinschaftlich mit Hieronymus Hölper, gleichfalls Goldschmied und Bürger zu Nürnberg, die Siegel des Königs; ob zu Prag oder zu Nürnberg, läßt sich nicht bestimmen. Sie fielen nach dem Wunsch des Königs aus, und er bezahlte ihnen den bedungenen Lohn. Sie erklärten aber, daß sie sich mit den großen Siegeln weit überdacht und überdingt hätten und zu Schaden gekommen wären. Die Siegel seien von gar scharfem Gemächte mit großem Fleiße gefertigt, darum sei viel köstliche Arbeit darauf gegangen. Sie baten den Rath, er möge dieses dem König vorstellen und ihn um eine Beisteuer zu ihrem Lohne ersuchen,

---

*) Silbersiegel zu schneiden oder zu graben, stand zu damaliger Zeit nur den Goldschmieden und Steinschneidern zu. Die Messing=Siegel wurden von den Gürtlern gemacht.

damit sie ihres Schadens Ersatz fänden. Der Rath verwendete sich für sie in einem Schreiben vom 4. Dezember 1455, ob mit Erfolg, steht dahin.

## 4. Friedrich Stuchs, Orgelmeister zu Nürnberg, will die Orgel für den Dom zu Speier machen.

Im Jahre 1453 beschloß das Domkapitel zu Speier, für die Domkirche daselbst ein „trefflich lobsam Werk" einer neuen Orgel machen zu lassen. Meister Friedrich Stuchs, Bürger und Orgelmeister zu Nürnberg, erhielt Kunde davon. Er saß seit 1447 zu Nürnberg, wo er als Bürger und Orgelmeister Aufnahme fand. In seiner Kunst hoch berühmt und belobt fand er Gelegenheit, viele Meisterwerke, groß und klein, für verschiedene Orte und Kirchen zu verfertigen. Darum wünschte er eine weitere Probe seiner Meisterschaft durch Herstellung der Speierer Orgel abzulegen. Der Rath zu Nürnberg, den er um ein Empfehlungsschreiben an das Domkapitel anging, schrieb an dasselbe am 20. September 1453, indem er dem Meister ein höchst ehrenvolles Zeugniß über seine Kunstfertigkeit ausstellte und bat, man möge die Orgel durch ihn anfertigen lassen.

Das Domkapitel erwiderte, es nehme das Anerbieten des Meisters Friedrich an, jedoch müsse man sich vorher über die Bedingungen verständigen. Der Rath theilte dem Meister den Inhalt dieses Schreibens mit, und dieser erklärte, das Werk machen und nach Speier kommen zu wollen. Er hoffe, daß er sich mit dem Domkapitel um alle Stücke gütlich vertragen könne. Dieses zeigte der Rath hinwider dem Domkapitel am 7. Dezember 1453 an.

## 5. Albrecht Dürer der Aeltere.

Der Goldschmied Albrecht Dürer der Aeltere, des großen Künstlers Vater, erhielt am 8. Juli 1468 die Aufnahme als Meister. Dafür bezahlte er 10 fl. Als die geschwornen Meister des Goldschmied-Handwerks im Jahre 1494 verreist waren, erhielten der alte Albrecht Dürer und noch ein anderer Goldschmied am 13. Dezember vom Rathe den Auftrag, während der Abwesenheit der geschwornen Meister die Schau oder Probe der Goldschmied-Arbeiten vorzunehmen. Die Arbeiten, die sie dem Hanns Krug als gut und rechtfertig bezeichnen, sollen von diesem ebenso gezeichnet werden, als ob sie von den geschwornen Meistern wären geprüft worden.

### 6. Seidene Tücher mit Bildern.

Im Jahre 1486 ließ der Rath Bilder oder Dessin's, wie man sie jetzt nennen würde, zu drei Seidentüchern für gemeine Stadt durch einen Maler entwerfen, und dieselben auf den Tüchern durch einen Seidenwirker ausführen. Dieser erhielt dafür 62 fl., der Maler aber für seine Bilder nur 3 Pfund Neupfennige.

### 7. Kaiser Maximilians I. Aufträge an den Rath zu Nürnberg.

Kaiser Maximilian war bekanntlich ein großer Freund der Kunst. Er hielt eine eigene Messinghütte, in der er neben andern Dingen viele Kunstgegenstände gießen ließ. Die Dienste des Raths zu Nürnberg und der dortigen Künstler wurden von ihm nicht selten zu dergleichen Dingen in Anspruch genommen. In der Nähe Nürnbergs wurde eine Art Lehm gewonnen, der zum Formen und Gießen besonders brauchbar war und von den dortigen Rothschmieden und Gießern sehr gesucht und ausgezeichnet wurde. Es kam häufig vor, daß Reichsstädte oder andere Stände um eine Quantität dieſes Lehmes oder um Schmelztiegel*), die aus demſelben gemacht wurden, bei dem Rathe anſuchten. Aber nur höchſt ſelten wurde ihnen das gewünſchte Material bewilligt.

Nicht beſſer erging es dem Kaiſer, der den Rath ſchon wiederholt um ſolchen Lehm angegangen, aber ſtets eine abſchlägige Antwort erhalten hatte. Am 9. Februar 1505 ſtellte er von Innsbruck aus dieſes Verlangen abermals und zwar mit dem weitern Beiſatz, ihn jährlich wenigſtens 50 Zentner Lehm und Erde zu ſeiner Meſſinghütte kaufen und aus Nürnberg ausführen zu laſſen.

Zu ſeinem Grabmale, das er ſich zu Innsbruck bauen ließ, wollte er ſich etliche Bilder aus Meſſing gießen laſſen, aber es fehlten ihm die dazu nöthigen Tiegel, oder, wie er ſagte, die Häfen. In einem Schreiben aus Innsbruck vom 24. Auguſt 1510 verlangte er daher vom Rathe 100 Häfen aus dem obbezeichneten Erdreich. Der Rath ſoll ſie ihm machen laſſen in der Form, die Lienhart Offenhauſer angeben werde. Er verſehe ſich aber keiner abſchlägigen Antwort.

An ſeinem Grabmale wurde noch lange gearbeitet. Um die Arbeit zu fördern, ſchickte er im Jahre 1516 etliche Formſchneider nach Nürnberg, um allda eine Zeitlang an einzelnen Theilen des Grabmals zu arbeiten. Am 5. Oktober 1516 ſchrieb er von Augsburg aus an den Rath, dieſer möge jene Arbeiter in der Stadt wohnen laſſen und ſie nicht zwingen, das Bürgerrecht anzunehmen oder Steuer und Loſung zu geben.

Während ſeines Aufenthaltes zu Augsburg im Jahre

---

*) Dieſe wurden zu Herolzberg, 2 Stunden von Nürnberg, gebrannt und durften nur in dieſe Stadt verkauft und verführt werden. Es war ſtrenge verboten, ſie von da aus weiter zu verkaufen oder zu verführen. Wer das that, wurde jedesmal um 10 fl. geſtraft.

1518 erſuchte er am 26. Juli ben Rath abermals um Tiegel
zum Guſſe ſeiner Grabbilber; er ſchickte beshalb ſeinen Erz=
gießer Stephan Gobl eigens nach Nürnberg. Dieſem möge
ber Rath ben Kauf unb bie Ausfuhr ber nöthigen Tiegel, bie
man nirgenbs in ſolcher Güte wie im Nürnberger Gebiete
erhalten könne, geſtatten.

Das alte Glasgemälbe ober Fenſter, bas bie beutſchen
Kaiſer Gott zu Lob ſchon vor vielen Jahren hatten machen
laſſen, war zu Maximilians Zeiten burch Alter unb ben zer=
ſtörenden Einfluß ber Witterung zerbrochen unb ganz ſchab=
haft geworden. Der Kaiſer wollte bas Fenſter wieber her=
ſtellen laſſen. Aus Rothenburg am Inn ſchrieb er am
5. Januar 1514 an ben Rath, er wolle ſein unb ſeiner
Vorfahren Gebächtniß mehren unb bas Fenſter bei St. Sebald,
bas ſeine Vorfahren zur Ehre Gottes errichtet, von Neuem
herrichten laſſen. Der Rath möge ihm dazu 200 fl. leihen
unb dieſes Geld ſeinem Rathe, Melchior Pfintzing, Probſt zu
St. Sebald, einhändigen, bamit er bas Fenſter davon machen
laſſe. Der Rath that, wie ihm befohlen wurde, unb bas
Fenſter wurde gemacht.

Im folgenden Jahre wollte er ſich zu Nürnberg etliche
Gemälbe anfertigen laſſen. Als er ſich im Frühjahre 1515
zu Augsburg aufhielt, ſchickte er ſeinen Hiſtoriographen Jo=
hannes Stabius nach Nürnberg, um bie Bilber zu beſtellen.
Dieſer brachte bem Rath einen Brief bes Kaiſers, batirt
Augsburg ben 3. Mai 1515, worin er benſelben erſuchte,
bei ben Malern, welchen Stabius bie Ausführung ber Bilber
übertragen unb bie berſelbe bem Rath bezeichnen werbe,
barob unb baran zu ſein, baß ſie bie Arbeit thunlichſt
förbern.

Bekannt iſt, baß Maximilian bie beiden Künſtler Dürer
unb Stoß vielfach beſchäftigte.

**8. Hanns Krug, Eisengraber der Stadt, macht Münz-
stempel für den Churfürsten von Sachsen.**

Hanns Krug, Goldschmied und Münzmeister zu Nürnberg, war sehr erfahren in der Kunst, Münzstöcke, Stempel
und Siegel zu graben. Von allen Seiten erhielt er Aufträge.
Im Jahre 1508 ließ auch Churfürst Friedrich von Sachsen
einige Münzstöcke von ihm machen.

Anton Tucher der Aeltere besorgte die Bestellung und
schickte dem Churfürsten am 13. Mai vier Münzschläge oder
Muster, die ihm Hanns Krug für den Churfürsten einge-
händigt und unter dem verlangten Stampf gegraben hatte.
Tucher schrieb dem Churfürsten, daß das Gepräge, die Buch-
staben und die Ueberschrift, sowie überhaupt der ganze Stampf
rein und werklich gearbeitet sei, doch stelle er es zu fürstlicher
Gnaden Gefallen, ob das Gepräge des Angesichts mit aus-
gehängtem offenem Haare, als das jetzt stehe, oder eingehaubt,
wie es des Churfürsten Gewohnheit sei, gemacht werden sollte.
Vier Schilde an das Theil des Angesichts, wie verlangt
worden, anzubringen, erscheine dem Krug unthunlich und
könne nicht geschehen, ohne etliche Worte der Ueberschrift
abzubrechen.

Am 8. Juli schrieb Tucher dem Churfürsten, Krug stehe
in täglicher Arbeit, die Stempel zu der silbernen Münze
fertig zu machen. Derselbe habe nach dem Gemälde und
Täfelein, das der Rath zur Förderung der Sachen von dem
Gang in der Predigerkirche abzunehmen befohlen, einen „possen
oder visier" in Lehm mit dem Bildnisse des Churfürsten
gemacht; dieses sei ganz gleichförmig ausgefallen. Deshalb
sei es auch gar nicht nothwendig, auf die Ankunft des churfürstlichen Hofmalers Lucas zu warten, den der Churfürst zu
diesem Zwecke nach Nürnberg gesendet, der aber noch nicht
angekommen sei. Krug sei überzeugt, die Stempel werden

dem Churfürsten nichts besto weniger gefallen, wenn auch
Lucas nicht bei der Hand gewesen sei. Krug habe bis jetzt
40 Mark Silber vermünzt, bis zum nächsten Mittwoch werden
es 100 Mark werden. Diese werde man sodann dem Chur=
fürsten durch den Pfleger zu Coburg zufertigen.

Krug machte auch die Stempel zu den Goldmünzen des
Churfürsten, die er zugleich auch prägte. Im Herbst 1508
schickte ihm der Churfürst sein Bildniß, das von seinem Hof=
maler sehr künstlich in Stein geschnitten war; und nach diesem
grub Krug des Churfürsten Bild in die Stempel.

Nürnberg hielt sich immer einen eigenen Eisengraber,
der die Münzstöcke, Siegel und Stempel machte. Derselbe
stand in der Stadt Sold und Pflicht. Ein solcher war
z. B. Hanns Crafft. Dieser legte sein Amt im Jahre 1513
nieder. Der Rath verlieh es am 12. April dem Hanns
Krug und gab ihm dazu 8 fl. Rüstgeld.

## 9. Künstliche Fürsten-Schenken.

Im Frühjahre 1509 verehrte der Rath dem jungen
König Ludwig von Ungarn und Böhmen eine kunstreich gear=
betete, silberne und vergoldete Blume mit einem Heiden und
Wappen, im Gewichte von 10 Mark, die Mark zu 16 fl.
Das Ganze mit dem Wappen und Futteral kostete den Rath
163 fl. 8 Schilling und 10 Haller. Am 23. Mai 1509
schickte er das Geschenk durch Herrn Peter von Rosenberg
und Herrn Lasla von Sternberg an den König ab.

Dem Bischof Lorenz zu Würzburg verehrte der Rath
am 21. September 1512 ein silbern vergoldetes Kleinod
mit einer Decke. Darein war die Arbeit der zwölf Monate
des Jahres mit großer Kunst eingeschnitten und gefaßt. Man
hatte es von H. Koburger gekauft. Es kostete 190 fl.
und wog 7 Mark.

### 10. Die Medea des Bildhauers Mathes.

Dieser hatte den Auftrag erhalten, ein Medea oder „angesicht" in Silber zu gießen. Der Rath ließ den Künstler am 23. Juni 1534 in Pflicht nehmen und ihm auftragen, die Medea ganz in dem Silbergehalt zu machen, wie in der Goldschmiedordnung vorgeschrieben sei.

### 11. Paulus Lautensack.

Im Jahre 1534 ließ der Rath einige Figuren dieses Künstlers zu Handen nehmen und ihm dafür 10 fl. verehren. Im folgenden Jahre wurde derselbe und seine Gesellen vorgeladen, und bedeutet, von ihrem Unternehmen abzustehen, oder man werde sie in der Stadt nicht mehr gedulden. Was dies für ein Unternehmen gewesen, ist nicht gesagt.

### 12. Maler Hanns Behaim macht ein Modell der Stadt Nürnberg.

Der Maler Hanns Behaim hatte sich schon seit Jahren mit einem Modell der Stadt Nürnberg oder, wie man es damals nannte, mit einer „Conterfectur, Nürnberg auf ein pret gesetzt", beschäftigt. Es waren darauf alle Gassen mit allen Häusern und übrigen Gebäuden angebracht. Im Jahre 1540 war es fertig. Der Rath kaufte es ihm am 11. September 1540 um 35 fl. ab, und gab ihm dazu eine Verehrung von 5 fl., trug ihm aber auch zugleich auf, dergleichen Dinge nicht mehr zu machen. Behaim mußte dieses dem Bürgermeister angeloben.

### 13. Der Maler Georg Penz.

Dieser machte im Jahre 1540 für den Rath ein Bild oder „Conterfektur" des Schlosses zu Gent; dafür erhielt er 1 fl.

Im Jahre 1543 ließ der Rath durch Penz und Sebald Peck die Stadt Nürnberg von Außen in Grund setzen und eine Ansicht derselben entwerfen. Er zahlte ihnen dafür am 16. September 261 fl. 8 Schillinge und 10 Pfund alte Pfennige für allerlei Unkosten, die sie dabei gehabt hatten.

Penz malte das Porträt des Cardinals Granvella, Kanzlers Kaiser Karls V. Im Jahre 1544 schickte er es durch sein Söhnlein in die Losungsstuben, um es den Losungs= herren zu zeigen. Diese beschenkten den Knaben mit 8 Schil= lingen und 4 Hallern.

### 14. Der Maler Hanns Guldenmund.

Dieser schenkte im Jahre 1542 dem Rath eine Ansicht von Algier, und im Jahre 1543 die Bilder aller Kaiser, ihres Herkommens und ihrer Regierung. Für erstere erhielt er 4 fl., für letztere 10 fl.

### 15. Augustin Hirschvogel.

Dieser berühmte Glasmaler, Modelleur und Stein= schneider verehrte dem Rath eine Mappa, wofür ihm derselbe am 2. März 1543 6 fl. auszahlen ließ.

---

# VI. Die Flach= und Etzmaler=Ordnung vom Jahre 1596.
### (Nebst späteren Zusätzen.)

Auff der verordenten Herren verleßenes bedencken, was den hiesigen Flach vnd Etzmalern auf Jr zum Andernmal gethones Supplicirn für ein Ordnung zu geben sein möchte,

Jft verlaßen, die vorgeher, Meister vnd gesellen berürts Maler
Handtwercks zu erfordern, vnd Jnen die Ordnung aller maßen
vnd gestalt, wie vff das Papir gebracht, vnd verfaßt, pub=
liciren, solche auch zu andern gesaz vnd ordnungen Jn das
Handtwercks=Buch schreiben, vnd bringen zu laßen.

Vnnd bieweil Jn berührter Ordnung statuirt vnd vor=
sehen, das diejenigen geßellen, so alhie Bürger vnd Meister
werden wöllen, zuvor ein Prob oder Maisterstuck von Figu=
ren, Bildern, Landtschafften, oder warinnen einer am
Pesten geübet, machen, vnd Jn Ordenlicher schaw besichtigen,
vnd darüber erkennen laßen soll, Alß ist ferners verlaßen,
alle Musterstuck, die ein Jeder machen wurdt, an statt des
einschreib gelts, so sie sonsten Jn die losung stuben geben
musten, vf dem Rathauß zu behalten, damit eins vor dem
andern, vnd welcher deß vleis vnd geschicklichkeit halben der
beste, deste baß erkannt werden möge.

Decretum in Consilio 30 Martij Ao. 1596.


Ein Ehrnuester Fürsichtiger vnd weyßer Rath dießer
Statt hatt der Flach vnd Ehmahler alhie Supplicirende
beschwerung von wegen allerley vnordnung, die bey vnd vnter
Jnen einreissen, Neben Jrem vnderthenigen begeren vmb
mittheilung etlicher gesez vnd eines besondern Meisterstuchs
zu aller notturfft angehört, vnd dießen geclagten mängeln mit
vleis nachgedencken laßen.

Damit nun dieße freye kunst bey Ehrn vnd würden
erhalten, der eingerißenen Stummppeley desto mehr vorkom=
men, vnd hinfort nicht ein Jeder also ohn einichen grundt
vnd vorgehende ordenliche lernung das Flach vnd Ehmahlen
hie Jn dieser Statt für sich selbst als ein Meister treiben,
vnd andern an Jrer narung eintrag vnd verhinderung thon
möge, So will demnach wol Ehrn gedachter ein Ehrnuester
weußer Rath Jnen den Malern mitt offner Handt, vnd so

lang es Jrer Herlichkeit gelegenheit sein wurdt, Nachvolgende
gesetz vnd ordnung geben, deren sie sich allerbings gemeß
sollen verhalten.

Erstlich So soll hinführo kein flach oder Etzmaler eini=
chen Lehrjungen anderst annemen noch lernen, berselbige Jung
sey ban von vatter vnd Mutter ehelich geborn, vnnb konne
solches mitt glaubwirbigen vrkunden barthon, oder sonsten
genugsam bescheinen.

Item zum Andern Soll kain lehrjung vf bießer freyen
kunst kurtzer gebiengt, noch zu lernen aufgenommen werden,
als vier Jahr vnd nicht barunter, das er auch bieselbigen
volkomblich ausstehe, vnd der Meister Jnne weber wenig noch
viel baran mitt gelt abkaufen laße.

Dabei thutt ein Ehrnuester weyser Rath aber, aus
gutten erheblichen vrsachen, bießem Gesetz auch biß mitt
anhencken, bas kein Meister von keinem lehrjungen, bem er
kein Pier vber den bisch geben wurdt, vfs maiste vber vier
vnd zwanitzig gulden nicht zu lernen nemen soll, Aber ein
wenigers zu nemen, soll Jnen frey vnd vngewehrt sein.

Im fall aber Je einem Jungen ein gewieße anzal
Piers vber bisch eingebingt vnb geraicht würde, mag er oder
seine eltern sich vnnb der lehrmaister mitteinander selbst so
gutt sie können vergleichen.

Zum britten Soll kein Maister macht haben, vf ainmal
mehr als einen lehrjungen anzunemen vnnb zu lernen, Auch
vnter ber zeitt, weil ber vorige noch zu lernen hatt, keinen
andern annemen, vnb vberstellen, boch wo etwan ein Burger
oder Jemanbt anbers seiner kinder eins, oder wer sie gleich
sonst wehren, bas raisen bey einem Maler wolte lehrnen
laßen, Sollen bießelbigen nicht für lehrjungen gerechnet
werden, sonbern allein bie, welche ben Maistern auf obbe=
stimbte anzal Jahr versprochen werden, auch Jn berselben
völligen Cost sinbt, vnb bas Mahlen gar lernen. Darzu

so sollen auch alle lehrjungen, wie auff andern handtwerckern
geordnet ist, alß balden Jm anfang bey dem Rugschreiber
eingeschrieben werden, bey der straff, so Jn gemeinem gesetz
darauf gestelt ist.

Zum Viertten Soll ein Jeder, wan er seine vier lehr
Jahr hie erstanden hatt, schulbig sein, ein Zeitlang hinauß
zu ziehen vnd dem Handtwerck nach zu wandern, damit er
etwas mehrers lerne vnd erfahre, Auch ehe nicht zum Meister=
rechten zugelaßen werden, er hab dan nach seinen vier lehr
Jahren noch fünff Jahr lang außwendig vnd hie Jn der
Statt gesellen weis gearbait, also das er mitt lehr vnd
gesellen Jahrn Jn allem neun Jahr vfm Handtwerck gewe=
sen sey.

Zum Fünfften vnd Sechsten, Soll kainem frembden
gesellen gestatt oder zugelaßen werden, das er den nechsten,
wan er von andern ortten hieher kombt, für sich selbst
arbeitten, vnd das meisterrecht zu treiben anfang, Sondern
wo Jhe ein solcher frembder gesell lust vnd lieb hett, sich
Jn dießer Statt anzurichten, vnd das Burgerrecht bey einem
Erbaren Rhat erlanget, So soll er doch schulbig sein, zuuor
vnd ehe er mitt dem Meisterrechten zugelaßen wurdt, zway
Jahr lang bey ainem oder zwayen Maistern alhie gesellen
waiß zu arbeitten, vnnd mitt glaublichen vrkunden zu
bescheinen, das er Eheelich geborn sey, vnd das Mahlen
bey einem redlichen Maister ordenlich gelernt hab, Doch
sollen die Je zu Zeitten hieher kommenden frembden Mahler
aus den Niderlanden vnd andern ortten, welche sonderliche
Künstler seindt, vnd vor andern etwas können, Jn dießem
gesetz dergestalt außgenommen sein, wan sie nicht gar alhie
zu pleiben, oder Meister zu werden begeren, das sich Jr
einer ein zeittlang, so lang es Jme ein Erbar Rath zu
giebt, seiner freyen kunst, als mit Conterfeten vnd anderer
arbeit alhie vnder der Burgerschafft gebrauchen möge, doch

das er für sich selbst kainen aigenen rauch fhüre, wie andere Maister.

Zum Siebenden Soll hinführo ein Jeder Flach vnd Etzmaler, der der obbegrieffenen Ordnung mitt den lehr vnd gesellen Jahren ein genügen gethon hat, vnd Maister hic werden will, schuldig sein, zuvorn ein Probier oder Maister= stuck (darbey man allein könne sehen, ob er auch ein Maler, vnd für einen Maister genugsam Qualificirt sey,) zu machen, Es sey von Figuren, Pildern, Landtschafften, oder warinnen ainer am Maisten geübt ist, vnnd damit er Jme am besten für cinen Maister zu bestehen getraut, vnd dasselbig stuck vfs aller vleisigste als er kan, vnnd so ers wurdt gefertigt haben, soll ers für die Rugsherren pringen, die es In Jrem beysein durch des handtwercks verordente vorgeher vnnd andern Maister, denen sies beuelhen werden, besichtigen laßen sollen. So dan dieselbigen daran befinden, das er für einen Maister bestehen möge, vnnd er vermittels eines geschwornen Aydts wurdt können erhalten, das er solches fürgewießene Stuckh mitt seiner Handt ohn anderer hülff vnd zuthun gemacht, vnnd die farben selbsten darzu zugericht hab, So soll er Maister sein, vnd für sich selbsten zu arbeiten macht haben, Jedoch das er vorhin eheelich verheyrat sey, vnd hochzeit gehabt hab, wie vf andern handtwerckern gebreuchlich ist.

Wo aber der Mangel an dem Maisterstuck so groß were, soll sich ein solcher noch ein halbs Jahr beßer vben, vnd als dan widerumb ein anders machen.

Vnnd alle die Maisterstuck, damit ein Jeder bestanden vnnd darauff vor den Rugsherren zu Maister angesagt worden ist, sollen vff dem Rathhaus pleiben, damit eines Maisters vor dem andern sein vleis vnd wie ein Jeder seiner arbeit vnd kunst halben Qualificirt sey, darbey erkant werde.

Damitt auch ob dießer ordnung besto steiffer gehalten werde, will ein Erbar Rath gedachten Malern zulaßen, das

sie vnter Inen selbst vier Maister zu vorgehern erwöhlen
mögen, doch ohne ainiche verpflichtung, unter benen alle
Jahr vmb Ostern einer ab, vnd ein anderer an die statt
georbnet werden soll, welche dem handtwerck getreulich vor=
stehen, vnd Ir vleißigs auffsehens haben sollen, wo ainer
ober der anber dieser gegebenen Ordnung In ainem ober
mehr Articuln zu wider handeln wurde, das sie ben ober
dieselbigen baruon abweißen, vnd Im fall sie nichts barauff
geben wöllen, sie barauff vor den verordneten Herren an der
Rug fürnemen sollen, Wie ban hiemitt auff alle obbegrieffene
Puncten fünff Pfunbt Roui zur straff soll gestellt sein.

Decretum in senatu 30 Martij
Anno 1596.

Dieweil die Briefmahler auf zusprechung der verorbneten
Ruegsherren bewilligt, das Helena, Albrechten von ber Hellen
Ehewirtin, das Spiegelmahln Ihr Lebenlang treiben mög,
doch das Ihre Töchter Ihr nicht nachuolgen, solle man Ihr
solches also vnb darbey anzaigen, weil Ihre Töchter dieser
Zeit noch klein, möge sie dieselbe bey Ihr haben, Wann
aber Ihr Jebe 16. Jahr erraiche, solle sie dieselben von Ihr
thuen, vnd zu diesem Spiegelmahlen ferrner nicht gebrauchen,
Sonbern Ehrlichen Leüthen bienen lassen.

Actum Freytags den 11. Februarn Anno 1603.

Per Herr Lienharbt Grunbtherrn.

## Die Flachmaler Betreffent.

Den Flachmahlern soll man auf Ihr gethanes Suppliciru
vmb besserung Ihrer orbtnung In dreyen vnberschiebtlichen
Puncten den ersten ablainen, In welchem sie begern, das
hinfort ein Jeber angehenber Junger Maister sein Probstuck
an keinem anbern Orth alß In eines Vorgehers hauß machen
sollt, Ihnen aber bargegen In dem wilsahren, welcher Junger

maifter mit feinem gemachten Probftuck Jn der Schaw nicht
beftehet, das er auch fo lang keinen gefellen, Jungen oder
ainige werckftatt haben foll, biß er daffelbig fein Maifterrecht
mit einem beffern ftuck bewerth hab.

Den andern vnd dritten Puncten aber betreffendt, foll
Jhnen gleicher geftallt willfahrt werden, vnd kein Maifter
hinfüro keinen außgelernten Lehrjungen keinen Lehrbrieff für
fich allein ohne wiffen vnd beyfein der verordtneten Vorgeher
geben, daß auch die Lehrbrief allezait Jn der Kantzley vnter
gemainer Statt Jnfigell, wie anderer Handtwercker Lehrbrief,
gefertigt werden follen.  Auch fo foll ein Jeder Junger
Maifter, wann er mit feinem gemahlten Probftuck beftehet,
vnd vor den verordtneten Ruegsherren zu Maifter angefagt
würdt, den Vorgehern, dieweil fie von deß handtwercks vnd
der Jungen Maifter wegen durchs Jahr viel hin vnd wider
lauffen, vnd daß Jhrige darob verfaumen müffen, drei gulden
zu geben fchuldig, dargegen aber alle andere Zech, Mahlzeit,
vnd Vortel vermög der Anno 1564 gemachter Ordnung ab=
geftellt vnd verbotten fein.

Decretum in Senatu 14 Februarij Ao. 1605.


Den Flach: vnd Etzmalern foll man zu Jhrer Ordnung
addirn, daß ein Jeder Maifter Jres handtwercks hinfurth
alle viertel Jars, wann fie zufammen kommen, 10 kreuzer
zu abrichtung deß Jars fürfallender vncoften einlegen foll,
Jhnen aber darbey anzaigen, wo fich deffen einer widern,
oder gar nit kommen würde, das fie fich deffen vor der Rueg
beclagen, alba gegen denfelben nach gelegenheit der fachen ein
einfehen gehabt werden foll.  Doch follen die Vorgeher, wie
fie fich erboten, folch gelt zufammen in ein Büchffen ftoffen,
vnd alle Jar ordenliche Rechnung darumb thun.

Actum Donnerftags den 23. Januarij Anno 1609.

Per Ruegsherrn.

### Verbeſſerung der Mahler Ordnung.

Erſtlich wann ein frembder Geſell hieher kompt, vnbt ſich alhie nieder zu laſſen vermeint, daß er daſſelbige zuuor vnbt ehe er die zwey geſellen Jahr anfengt, den Vorgehern anzaigen, vnbt im Rugsampt ſich darzu einſchreiben laſſen, darbey auch ſeinen Lehr= vnb Geburtsbrieff aufweiſen, vnb Jhnen den Vorgehern biß zu außgang ſolcher zweyer Jahr in Jhrer laden zuuerwahren zuſtelle, das er auch dieſelbe zeit aneinander bey einen, oder vffs meinſte zweyen Mahlern, die alhie Bürger, mit Jhren Probſtücken beſtanden, vnbt barauff zugelaſſen ſinbt, vnb nicht etwan bey Stimplern oder andern lebigen geſellen erſtehen, vnbt Jnnerhalb dieſer zwey Jahr nicht widerumb hinauß ziehen, oder andern ſachen vnbt hanbtirungen nachgehen ſoll, da es aber geſchehe, ſolt ihm die vorige zeit nichts mehr gelten, ſondern er die zwey Jahr wieder von Neuem anzufangen ſchulbig ſein, Jedoch das einem Jeden frey vnbt beuor ſtehe, da ihm hierzwiſchen Je beſſere gelegenheit an andern ortten fürfallen würde, das er hierburch keineswegs geſpert, noch aufgehalten, ſondern ihme vff ſolchen fall ſeine Brieff wiederumb gefolgt vnbt eingehenbigt werden ſollen.

Zum andern, daß kein Meiſter außerhalb der Sontag vnbt Feyertag, ſeinen Geſellen vergönnen noch zulaſſen ſoll, mitten in der wochen ein oder zween tag für ſich ſelbſt zu arbeiten vnbt zu mahlen, es geſchehe gleich ſolches wegen des geringen Wochenlohns, noch anderer vrſach halben, wie die namen haben möchten, bey eines Ehrnueſten Rhats vnſerer günſtigen herren ſonderbarer ſtraff.

Decretum in senatu
21 Januarij Anno 1620.

---

## VII. Kirchen Nürnbergs.

**Nachrichten über die St. Sebaldskirche zu Nürnberg** *).

a) Der Bau der Kirche und des Chores.

Einer der ehrwürdigsten Dome Deutschlands ist wohl
die altersgraue St. Sebaldskirche zu Nürnberg. An ihrer
Stelle stand einst St. Peters Capelle am Fuße der kaiser=
lichen Burg. In ihr waren die Gebeine des hl. Sebalds
beigesetzt. Dieser soll im achten Jahrhundert in der Gegend
von Nürnberg das Evangelium geprebigt haben. Das Volk
verehrte ihn als seinen Wohlthäter und Patron; als solchen
bethätigte er sich bei den Gläubigen durch viele Wunder, die
an seinem Grabe und auf seine Fürbitte geschahen. Die
Verehrung, die ihm das Volk zollte, wuchs mit der Zeit, so
daß die kleine Capelle die Menge der Andächtigen, die zu sei=
nem Grabe pilgerten, nicht mehr fassen konnte. Im 13. Jahr=
hundert, in welchem Nürnberg aus seinem bisherigen Dunkel
rasch empor blühte, begann man mit dem Bau der Kirche,
die über den Gebeinen St. Sebalds nach und nach zum
herrlichen Dome sich erbaute. Der Bau fällt in die Zeit
des Uebergangs vom Rundbogen= zum Spitzbogenstyl. Mit
Ausnahme des Chores, der fast ein Jahrhundert später erbaut
wurde und in den edelsten und reinsten Formen und Gebilden
des gothischen Styles sich darstellt, zeigt die Kirche vielfach
den gemischten Charakter des Rundbogen= und des Spitz=
bogenstyls.

---

*) Dieser und der folgende Artikel über die Lorenzerkirche sind
theilweise aus der Augsburger Postzeitung abgedruckt, in der
ich sie vor 2 Jahren veröffentlichte.

Der Bau begann jedenfalls schon in der ersten Hälfte des 13. Jahrhunderts; im Jahre 1256 stand die Kirche im Hauptbaue vollendet da; wahrscheinlich wurde sie in diesem Jahre durch Bischof Heinrich von Bamberg eingeweiht; denn er verlieh ihr, wie es bei Consecration der Kirchen herkömmlich war, im Jahre 1256 einen Ablaß für alle Gläubige, die auf die Zeit der Einweihung die Kirche besuchen und die übliche Andacht verrichten. War auch die Kirche für die Abhaltung des Gottesdienstes hergerichtet, so fehlte doch noch viel zu ihrer Vollendung. Man baute fort und fort, namentlich an dem Chore. Die Bischöfe von Bamberg ermunterten das Volk durch Ertheilung von Ablässen zur Mithilfe und Beisteuer zum Kirchenbaue, der dadurch nicht wenig gefördert wurde. Andere Bischöfe thaten ebenso. Im Jahre 1273 verlieh Bischof Berthold von Bamberg einen großen Ablaß allen Jenen, die zum Fortbaue der Kirche und namentlich zur Herstellung der Kirchenfenster, worin großer Mangel war, mithalfen oder beisteuerten. Den Bemühungen des Bischofs und dem frommen Eifer des Volkes gelang es, den Chorbau, an dem schon so lange gearbeitet wurde, im Jahre 1274 zum Abschluß zu bringen. Auf Ansuchen des Butigler *) Conrad, des Schultheißen Marquard und der Gemeinde zu Nürnberg kam Bischof Berthold im Jahre 1274 nach Nürnberg, wo er am Sonntag nach Maria Geburt den Chor und einen Altar weihte und bei dieser Gelegenheit einen Ablaß verlieh.

In demselben Jahre verlieh auch Bischof Leo von Regensburg ähnliche Gnadenschätze allen Denen, die zum Bau der Sebaldskirche entweder selbst Hand anlegen oder mit milden Gaben beisteuern. Schon damals war der Ruhm

---

*) Beamter auf der kaiserlichen Burg und Einnehmer und Verwalter der kaiserlichen Renten und Gefälle, die aus den zur Burg gehörigen Ländereien eingingen.

dieses Gotteshauses weit verbreitet. Bischof Heinrich von Trient nannte es das Schöne und forderte im Jahre 1275 die Bürgerschaft zur Fortsetzung des Baues auf, indem er hierauf bezügliche Ablässe ertheilte. Auch auswärtige, darunter mehre italienische Bischöfe (letztere im Jahre 1299) suchten den schönen Kirchenbau durch Ertheilung von Ablässen zu fördern, die dem mithelfenden und beisteuernden Volke gegen ein geringes Opfer die Gnadenschätze der Kirche öffneten.

Der Bau schritt in seiner innern und äußern Vollendung vorwärts, wenn auch nur langsam. An unsern alten Domen bauten in der Regel mehre, oft sogar viele Generationen. Den Mangel an Mitteln ersetzte unsern Vorältern ihre Ausdauer, ihr Gottvertrauen und ihr fester Glaube.

Im Jahre 1309 drohte eine der beiden Abseiten einzufallen. Ein edler Bürger, Namens Friedrich Holzschuher, entäußerte sich mehrer Güter; mit dem gelösten Geld wendete er diesen Baufall.

Die Kirche hatte bisher nur einen Thurm, den gegen Mittag. Im Jahre 1345 wurde ihm gegenüber ein zweiter Thurm gebaut und der alte dem neuen gleichgemacht. Zur Bedachung verwendete man 210 Centner Zinn und 134 Centner Blei.

Die Kirche zählte schon in alter Zeit viele Altäre. Der älteste mag St. Peters-Altar sein und noch von der Peterskapelle herstammen, über welcher die Kirche sich erbaute. St. Stephans-Altar wird im Jahre 1255 bei Gelegenheit einer Ablaßertheilung erwähnt. Die Crypta oder Gruft mit Unser Lieben Frauenaltar wurde in den Jahren 1283, 1284, 1289 und 1370 mit vielen Ablässen begnadet. Das Gleiche geschah für den Aller-Seelen-Altar bei dem Kirchthurm im Jahre 1360, sodann für St. Martins-, St. Jakobs-, St. Christophs- und St. Jodocus-Altar im Jahre 1355, und für St. Bartholomäus- und St. Pangrazen-Altar im Laufe des fünfzehnten Jahrhunderts. Für St. Peters=Altar im Chore erhielt die Kirche im Jahre 1303 und 1475 mehre Ablässe.

In der Regel wurde in den Jahren, in welchen diese Ablaßertheilungen erfolgten, an Altären etwas gebessert oder gebaut.

Gegen die Mitte des vierzehnten Jahrhunderts aber stockte der Kirchenbau aus Mangel der nöthigen Mittel. Wiederum waren es die Bischöfe von Bamberg, die hier ab= zuhelfen trachteten und den Bau zu förbern suchten. Bischof Leupold bewilligte 1358 den Kirchenbaumeistern Heinrich Vorchtel und Seifrid Maurer, daß von gewissen Kirchen= gefällen ⅓ zum Kirchenbau, das übrige ⅔ aber zum Besten der Armen vier Jahre nacheinander verwendet werden dürfe. Noch in demselben Jahre und 1362 suchte er die Gläubigen durch Ertheilung von Ablässen zur Mithilfe und zu Beiträgen zu bewegen, da bei der Kirche großer Mangel sei am Bau und an Büchern, Kelchen und anderer Zierde. Wie im Laufe des dreizehnten Jahrhunderts, förderten auch im vierzehnten mehre andere Bischöfe und darunter zwanzig ausländische und italienische das Werk durch Ablaßertheilungen, die dem Baue immer wieder neue Mittel zuführten. Diesen vereinten Bemühungen der Kirchenfürsten und des Volkes gelang es, die Mittel zu einer abermaligen Erweiterung der Kirche herbei= zuschaffen. Man dachte bereits an das Abbrechen des alten Chores und die Erbauung eines neuen größeren. Im Jahre 1361 wurde wirklich der alte Chor abgebrochen; von Hanns Ebner erwarb man den nöthigen Platz zu dem neuen, der um das Doppelte größer und dem Rathhause nahe gerückt werden sollte *). Man ging sogleich ans Werk, das so

---

*) Was von dem Platz übrig blieb, den man vom Ebner gekauft hatte, durfte zum Kirchhof nicht verwendet oder geweiht wer= den, weil die Fürsten, Grafen und Herren, die häufig in das

unausgesetzt und mit solchem Eifer betrieben wurde, daß der
neue Chor, zu dessen Ausbau Cardinal Pileus im Jahre 1376
und später noch mehrmals Ablässe bewilligte, schon im
Jahre 1377 im Hauptbane sich vollendete. Am Sonntag nach
Bartholomäi 1378 erhielt er die kirchliche Weihe. Es
wurden über 24,000 Goldgulden darauf verwendet.

Mit dieser letzten Erweiterung hat der ganze Kirchenbau
seinen Abschluß gefunden und an Erhabenheit und Raum
ungemein gewonnen; letzterer wurde dadurch, namentlich in
der Länge, fast um das Doppelte erweitert; diese beträgt
150 wohlgemessene Schritte. Wesentliche Bauveränderungen,
die Thürme ausgenommen, wurden später nicht mehr vorgenommen. Nach der Reformation wurde die Kirche und der
Chor mehrmals „renovirt" und getüncht, zum Glück ohne
großen Schaden, jedoch nicht ohne in ihrem Innern Spuren
einer Zeit zu hinterlassen, der das Verständniß von der
Erhabenheit mittelalterlicher Dome abhanden gekommen war.

Ich erwähne nur noch die Aufstellung zweier Orgeln,
der großen im Jahre 1444, verfertigt von Heinrich Traxdorf
und einer kleinern im Jahre 1447, und schließe diese Nachrichten über den Kirchenbau mit einigen Notizen über das
weltberühmte von Peter Vischer und seinen Söhnen verfertigte Grabmahl des hl. Sebalds.

### b) St. Sebalds-Sarg.

Den ersten Impuls zur Anfertigung des Grabmals
gaben Ruprecht Haller und Paul Volkamer schon zu Ende

---

gegenüber gelegene Rathhaus und in die in der Nähe befindlichen Häuser ehrbarer Bürger zu Gast kamen, leicht einen
Abscheu tragen könnten, wenn sie von ihren Fenstern die Aus-
sicht haben sollten in den Todtenacker. Der Geistliche zu
St. Sebald, Albrecht Krauter, stellte im Jahre 1364 mit
Bewilligung des Bischofs Friedrich von Bamberg hierüber
einen eigenen Revers aus.

des fünfzehnten Jahrhunderts. Diesen Plan nahmen Anton Tucher der ältere, Kirchenpfleger, Sebald Schreier, Kirchenmeister, Peter Imhof der ältere und Sigmund Fürer im Jahr 1507 von Neuem auf. Im Monat Mai dieses Jahres faßten sie den Beschluß, des heiligen Himmelsfürsten St. Sebalds Sarg mit Gotteshilfe und dem Almosen frommer Menschen durch Meister Peter Vischer aus Messing machen zu lassen. Als Einnehmer des Almosens wurden Peter Imhof und Sigmund Fürer aufgestellt. Die Beiträge floßen reichlich. Der Kirchenmeister Sebald Schreier, bekannt durch seinen Eifer für die Ausstattung des herrlichen Gotteshauses und durch die Stiftung der durch Adam Kraft in Stein gehauenen, an der Außenseite des Chors dem Rathhaus gegenüber gelegenen Grablegung Christi ꝛc. ꝛc., und seine Gesellschaft (nach heutiger Ausdrucksweise: und Compagnie), gab 117 fl. 12 hl., Hanns Stark 100 fl., Imhof und Gesellschaft 60 fl., Sigmund Fürer und Gesellschaft 80 fl. u. s. w. In der Kirche wurde ein eigener Stock mit einem bemalten Täfelein aufgestellt, um das Almosen aufzunehmen. Dem Prediger zu St. Sebald schenkte Sigmund Fürer mehre Jahre nacheinander ein Baret und sonstige Kleinigkeiten, damit er desto williger sei, die Gläubigen zu Beisteuern zu ermuntern.

Meister Peter Vischer arbeitete seit 1507 in Gemeinschaft mit seinen Söhnen Peter, Hermann, Hanns, Paul und Jakob an dem Werke. Sein Sohn Peter hat das Meiste daran gemacht. Am 19. Juli 1519 wurde das Grabmal aufgestellt. Es hatte ein Gewicht von 157 Centnern 29 Pfund, davon wog der Tabernakel 11 Centner 61 Pfund, das Gewölb 23 Centner 42 Pfund, die acht Säulen 28 Centner 70 Pfund, das Corpus 29 Centner 85 Pfund, die Apostel mit ihren Tabernakeln 13 Centner 45 Pfund, der eine halbe Theil des Fußes 25 Centner 18 Pfund, der andere halbe Theil 25 Centner 9 Pfund. Für jeden Centner

erhielt Peter Vischer 20 fl. (ungefähr 150 fl. nach) der heu=
tigen Währung und im Ganzen 3145 fl. 16 Schilling.
Peter Imhof nämlich zahlte ihm am 7. Juni 1507 100 fl.,
am 16. Januar 1508 100 fl., am 3. Januar 1509 100 fl., am
11. Januar 1512 100 fl., am 20. Dezember 1514 200 fl.,
am 8. Januar 1515 30 fl. und am 17. Juni 70 fl., im
Jahr 1516 in zwei Raten je 50 fl., am 11. April 1517
100 fl., am 10. Mai 1518 100 fl., am 20. März 1519
50 fl., und in den Monaten April und Oktober auch je
50 fl., am 10. März 1520 50 fl. und in demselben Jahre
noch einmal 80 fl., in Summa 1280 fl. — Sigmund Fürer
zahlte ihm im Jahre 1507 für drei von Hanns und Endres
Rosner und Sebald Behaim erkaufte Centner Messing 19 fl.,
sodann 1509 am Montag nach St. Sebastian 200 fl., 1510
an St. Jorgen=Tag 100 fl., 1514 am 17. Oktober 150 fl.,
1515 am 20. Januar 50 fl. und am 19. Oktober 50 fl.,
1516 am 10. Juli 50 fl. und am 8. Oktober 31 fl.,
1518 am 14. September 50 fl. und am 20. November
abermals 50 fl., 1519 am 19. Juli 100 fl. und am 14.
Oktober 150 fl., in Summa 1000 fl. Der Rest seines
Verdienstes im Betrage von 865 wurde ihm später bezahlt.

·Das Gitter um den Sarg wurde durch den Schlosser
Jorg Hanns angefertigt; es wog 4 Centner 68 Pfund; für
jeden Centner erhielt er 5 fl. 2 Pfund.

·Die Schilderung dieses Grabmales und des Gotteshauses
überhaupt und der unzähligen Bildwerke, die sein Inneres
und Aeußeres schmücken, muß ich einer kundigeren Feder
überlassen, um dem Baue der beiden Kirchthürme einige Zei=
len widmen zu können.

### c) Der Bau der beiden Thürme.

Diese waren ursprünglich ziemlich nieder, der Rath
beschloß daher im Jahre 1481 die Erhöhung und den Umbau

derselben. Die beiden Kirchenmeister Hanns Haller und sein
Nachfolger Sebald Schreier, unter welchem dieser Bau zu
Ende geführt wurde, hatten die nächste Veranlassung dazu
gegeben. Weil es aber an Mitteln fehlte, entlehnten sie
für die Kirche mit Bewilligung des Rathes 11,853 Pfund,
4 Schilling und 4 Haller aus der Losungsstube (Finanz-
kammer); die übrigen Kosten sollten durch milde Beiträge
gedeckt werden, die in der That auch reichlich flossen und von
allen Ständen in Geld, Geschmeide, Gewand und unter gar
verschiedenen Formen geleistet wurden.

Nachdem die Stadtwerkmeister und andere Bauverständige die Thürme besichtigt, ihr Gutachten abgegeben und für
ihre Mühe Wein, Käse und Brod erhalten hatten, begann
man sogleich mit dem Abbrechen des gegen die Stadtwaage
zu gelegenen Thurmes, dessen Stumpf einstweilen mit Schin-
deln gedeckt wurde. Hierauf schrieb man dem Meister Heinrich Kugler, dem Steinmetzen von Nördlingen, daß er kommen
soll, um mit ihm wegen Führung des Baues zu unterhandeln.
Am 2. Dezember 1481 versammelten sich im Hause des
Kirchenmeisters Hanns Hallers die Herren Ruprecht Haller,
Pfleger der Kirche, Niklas Groß der ältere, Hanns Tucher
der ältere und Hanns Volkamer der Stadtbaumeister. Auch
Meister Heinrich war erschienen; man kam mit ihm überein,
daß er den Bau führe, wie ihm von den Herren fürgegeben
werde, und daß er mit dem Lohne sich begnüge, den sie ihm
zuerkennen werden. Der Contract wurde an demselben Tage
noch abgeschlossen und dem Meister Heinrich 4 fl. Leihkauf
gegeben, wovon er die Hälfte seinem Weibe geben soll.

Die Herstellung der nöthigen Gerüste und alles Zimmer-
und Dachwerkes wurde dem Meister Eucharius, dem Stadtzimmermann, übertragen, der zu diesem Zwecke vom Rath
eigens beurlaubt wurde. Im Januar 1482 schickte man ihn
nach Ulm, um den Zug zu besichtigen und kennen zu lernen,

den man am Bau Unser Lieben Frauenkirche dortselbst in
Anwendung brachte. Den Meister Hanns Pinz, Zimmermann zu Ulm, der wahrscheinlich der Erfinder des Zuges
war, nahm Meister Eucharius mit sich nach Nürnberg, um
auch hier den Zug zu dem Bau der Thürme anzugeben und
einzurichten. Während der nächsten Jahre herrschte bei diesem
Zuge lebhafte Thätigkeit; dirigirt wurde er von mehren
Zimmergesellen.

Thurm der Stadtwaage gegenüber. Am 11.
März 1482 fing Meister Heinrich Kugler mit dem Zuhauen
und Herrichten der Steine an. Er beschäftigte 20 Steinmetzgesellen und darüber, deren jeder einen Taglohn von 18 bis
26 dl. und am Ende der Woche ein Badegeld erhielt. Die
Lehrgesellen erhielten des Tags nur 18 dl. Der Wochenlohn
des Meisters Heinrich betrug 5 Pfund alt. Am Freitag
nach Kiliani (12. Juli) fing man an zu mauern; an diesem
Tage wurden die ersten zwei Steine auf den Thurm gelegt.
Die große Anzahl der Arbeiter und der rege Eifer, der bei
dem ganzen Baue herrschte, machten es möglich, daß man
schon am 23. Oktober 1482 den letzten Stein legen konnte,
und Ende dieses Monates das Steinwerk des Thurms in
der Hauptsache vollendet war. Der Steinmetzgeselle Hanns
von Langheim zeichnete sich bei dieser Arbeit besonders aus;
dafür erhielt er aber auch ein besonderes Trinkgeld.

Während die Steinmetzen an dem Steinwerk des Thurmes arbeiteten, beschäftigte sich Meister Eucharius mit seinen
Zimmerleuten an der Herstellung des Zimmerwerkes und
Daches. Am 26. Mai 1483 stellten sie die ersten Sparren
zu der Dachung und Spitze des Thurmes auf. Die Sparren
waren 70 Stadtschuh hoch; die Höhe der Stange oder des
Spießes oberhalb der Sparren betrug 20 Stadtschuhe;
von dem Ende der Sparren bis an den Knopf waren
9 Stadtschuhe und 6 Zoll und von dem Knopf bis an die

Fahne 5 Stadtschuhe und 4½ Zoll. Die Zimmergesellen
erhielten 20—24 bl. Taglohn und, wenn sie recht gefährliche
Arbeit in der Höhe verrichteten, noch 4 bl. Zulage. Am
10. Juni 1483 wurde dem Thurm der Knopf aufgesetzt.
Dieser war 2 Stadtschuh und 2½ Zoll hoch, und 8 Stadtschuh und 8 Zoll weit. Verfertigt wurde er durch Niklas
Gnotzhamer und vergoldet durch den Goldschmied Erhard
Hupfauf, der 80 Dukaten oder (3 Dukaten zu 4 Goldgulden
gerechnet) 106 fl. 5 Pfund und 18 bl. neu oder 896 Pfund
alt dazu verwendete. Ich vermuthe aber, diese Summe sei
für die Vergoldung beider Thurmknöpfe und nicht bloß des
einen verwendet worden. — Am 7. Juli wurde die Fahne
aufgesteckt; sie war von Kupferblech, 2 Stadtschuh und
11 Zoll hoch und 3 Stadtschuh und 11 Zoll breit und wog
mit dem Eisenwerk 39 Pfund. Gemalt hatte sie der Meister
Ulrich Pilbschnitzer, Maler; für das Malen derselben und für
das Anstreichen des Eisenwerks und der Fenster bei der
Schlagglocke erhielt er 40 Pfund bl. alt. Dann ging es an
Herstellung der Thürmer-Stube, und da kamen die Klaiber-
gesellen, die den Boden, den kupfernen Ofen und die Fenster
mit Lehm verklaibten und verstrichen, und die Tüncher gesellen,
die da tünchten und Estrich schlugen; deren jeder erhielt
24 bl. Taglohn und am Ende der Woche ein Badgeld. Die
Thürmer-Stube erhielt 8 neue Rahmen. Das Paar kostete
1 Pfund 15 bl. In den Rahmen waren 433 neue und
70 alte Fensterscheiben; hiefür erhielt der Glaser 28 Pfund
alt. Der Thurm war sohin fertig bis aufs Decken.

Der Thurm St. Moritzen-Kapellen gegenüber.
Nachdem der der Stadtwaage gegenüber gelegene Kirchthurm
im Steinwerk fertig war, kamen am 10. November 1482
Sebald Schreier, Kirchenmeister, Niklas Groß, Hanns Tucher
und Hanns Volkamer in Ruprecht Hallers des Kirchenpflegers
Haus abermals zusammen, um mit Meister Heinrich Kugler

auch wegen Erbauung des andern Thurms Moritzen-Kapellen
gegenüber zu unterhandeln. Die Bedingungen waren dieselben
wie beim ersten Thurm; sie wurden von Meister Heinrich
auch ebenso angenommen. Bei dieser Gelegenheit wurde auch
eine Irrung zwischen Meister Heinrich und seinem Balierer
Ulrich Speidel beigelegt und ausgesprochen, daß Meister
Heinrich Gewalt haben soll, die Steinmetzgesellen aufzunehmen
und zu entlassen, und auch sogar dem Balierer selbst den
Abschied zu geben, letzteres jedoch nur mit Wissen eines Raths.
Der Balierer erhielt den Taglohn eines Gesellen, aber alle
Quatember noch eine Liebung von 16 Pfund alt. Speidel
erkrankte übrigens am Montag nach St. Margaretha; am
Pfintztag (Donnerstag) darnach war er schon eine Leiche.
Er starb an der Pest, die damals regierte. An seine Stelle
nahm Meister Heinrich den Hanns Karter als Balierer auf.

Am 7. April 1483 wurde mit dem Abbrechen des
Thurmes begonnen; 9 Wochen später, am 16. Juni, konnte
man schon den ersten Stein auf das alte Gemäuer setzen.
Nach drei Monaten, am 24. September, war das Mauer-
werk hergestellt. Mit dem Aufstellen des unterdessen herge-
richteten Zimmerwerks begann man am 3. November 1483.
Am 5. Dezember wurde sodann der Knopf und darnach auch
die Fahne aufgesteckt. Die Stiegen, Portale, Geländer und
Gänge an beiden Thürmen wurden während der nächsten drei
Jahre gemacht.

Das Decken beider Thürme. Um sie dauerhaft
und gut decken zu lassen, ließ man den Meister Stephan
Kaschendorfer von Dresden kommen, damit er dem Meister
Christoph Lilgenweiß Unterricht im Decken ertheile. Nachdem
dies geschehen und Meister Stephan für seine Mühe reichlich
belohnt worden, übertrug man am 27. April 1483 das
Decken des Thurms der Waage gegenüber dem Meister Christoph

Lilgenweiß, der mit dem nöthigen Zinn, womit die Thürme gedeckt wurden, und mit allem Zeug von dem Kirchenmeister versehen wurde, und für das Gießen eines jeden Centners Zinn 1 fl. erhielt. Als der Thurm im Laufe des Jahres 1483 vollständig gedeckt war, wurde ihm am 4. März 1484 auch das Decken des mittler Weile fertig gewordenen Thurms St. Morißen-Kapellen gegenüber übertragen. Vor Ablauf des Jahres war auch dieser gedeckt. Man verwendete entweder Eberstorfer-, Löwensteiner- oder Seifenzinn; von den beiden ersteren kostete der Centner 8 fl., von letzterem 10 fl. Auch englisches Zinn wurde verwendet. Aber die Arbeit war schlecht gerathen und der Guß der Zinntafeln und Tonnen ungleich; sie zersprangen allenthalben und ließen den Regen eindringen. Man schrieb die Schuld theils dem Meister Stephan Kaschenderfer, der über das Gießen und Decken nicht gehörig Aufschluß gegeben, insbesondere aber dem Meister Christoph Lilgenweiß zu, der mit Unfleiß, Verwahrlosung und Untreue umgegangen, indem er Zinn beim Decken abgetragen und entwendet, und dieses Material mit Blei vermischt und geringert, und so den Eid verletzt habe, den er bei der Uebernahme der Arbeit geschweren. Der Werth des Zinnes, das er bei dem ersten Thurm abhändig gemacht, betrug 142 fl., bei dem zweiten über 278 fl. Er wurde deßhalb im Jahre 1485 ins Lochgefängniß gelegt und mit ernstlicher Frag (Tortur) angegriffen. Er bekannte aber nur 56 fl. Als Fürbitten von Bamberg und andern Orten bei dem Rath für ihn einkamen, und sein Vater, der Lilgenweiß von Bamberg und seine Hausfrau Anna die Zahlung obiger 56 fl. verbürgten, ließ man ihn los, weil man damals noch keine Kenntniß hatte von dem großen Schaden, den er der Kirche zugefügt und der erst später sichtbar geworden. Als er aber vernahm, daß die Thürme wieder ab- und von Neuem gedeckt werden sollen, ergriff er die Flucht, weil er die Entdeckung seiner großen Untreue befürchtete.

Am 15. Juli 1489 wurde beschlossen, die Thürme durch Meister Ulrich Hübner, Büchsenmeister von Bamberg, neu decken zu lassen. Zuerst deckte er den Thurm der Waage gegenüber. Das nöthige Zinn und was er sonst nöthig hatte, den Werkzeug ausgenommen, erhielt er von dem Kirchen= meister Sebald Schreier, der ihm für das Gießen eines jeden Centners und für das Decken 2 Pfund neuer Haller bezahlte *). Die Kosten für das Decken dieses Thurms betrugen 1406 Pfund und 4 Schilling Haller neuer Währung oder (den Gulden zu 2 Pfund 1 Schilling 8 Haller neu oder 8 Pfund 10 dl. alt gerechnet) 674 fl. rhein., 19 Schilling 6 Haller in Gold. An Zinn und Blei wurden 4907 Pfund ver= wendet.

Da die Arbeit des Meisters Ulrich befriedigte, übertrug man ihm im Jahre 1490 auch das Decken des andern Thurms, bei welchem sich die Kosten nur auf 310 Pfund 18 Schilling 8 hl. oder 149 fl. 5 Schilling in Gold beliefen.

Die Uhrglocke auf dem Thurm der Waage gegenüber wurde am 4. Mai 1482 zerschlagen, um eine neue gießen zu lassen. Man führte sie in die Waage und von da in das Haus des Meisters Conrad des alten Glocken= gießers vor dem innern Frauenthor. Sie wog 64 Centner

---

*) In dem Contract, den man mit Meister Ulrich abschloß, war auch ausgemacht, daß er dem Sebald Schreier zu dem Bau des neuen Spitals auch die Kunst angeben soll, deren er sich bei Wasserleitungen, Kunstbrunnen ꝛc. bediente. Dafür soll ihm Schreier eine Ehrung geben.

und 66 Pfund. Um ihren Reif standen in einer Zeile mit eingegossenen Textbuchstaben die Worte:

† Ich Orglogck pin. Des. Rats. zu. Nürmberg. eigen. hat. mich. erzeugt. als man. zalt. nach. Christj. geburt. M° CCC°. vnd. in dem. lxxxvj. (1396.) Jar. in dem. Mayen. hat mich. begabt. Heinrich. grünwalt. herr. got. hilff. mir zu. dir. †

Am 24. September 1482 wurde durch Meister Conrad den Glockengießer die neue Uhrglocke gegossen. Um sich mit ihm wegen der Kosten zu vertragen, begaben sich am 22. Februar 1483 Ruprecht Haller der ältere, Pfleger, Hanns Tucher der ältere und der Kirchenmeister Sebald Schreier in sein Haus, wo sie mit ihm übereinkamen, daß er für jeden Zentner der neuen Glocke 10½ fl. rheinisch erhalten und den Zeug der alten, den Centner zu 8 fl., daran nehmen soll. Außerdem gab man ihm für den Abgang an dem Zeug der alten Glocke 40 fl. rhein. und im Ganzen 1380 Pfund 5 Schilling 8 hl. neu. Am 20. Juni 1483 wurde die neue Glocke gewogen; ihr Gewicht betrug 100 Centner und 56 Pfund. An ihrem obern äußern Theil standen mit eingegossenen Textbuchstaben die Worte:

Sannd Sebolts schlachglogk bin ich, Hern Ruprecht haller, Hern Niclas grossen und Hern Gabriel nützel den obersten Hauptleuten gewart ich. Maister Connrat gloggengiesser goß mich Anno Domini 1482.

Am 28. Juni 1483 wurde sie auf einer Schleife mit 22 Pferden aus der Waage auf den Kirchhof geführt und am 1. Juli durch Meister Eucharius den Stadtzimmermann und 48 Gesellen an 2 Seilen, deren jedes 6 Centner wog, mittels zwei Haspeln und vier Scheiben auf den Thurm der Waage gegenüber gezogen. Die 48 Gesellen standen in der Richtung gegen den Weinmarkt. Um ein halb Uhr auf den Tag begann die Arbeit, in 2½ Stunden war sie beendet und die Uhrglocke unter das Dach des Thurms gebracht. — In demselben Jahr ließen der Pfleger und Kirchenmeister durch den Meister Ludwig den Uhrmacher und Schlosser auch ein Schlagwerk zu der Uhrglocke anfertigen; dasselbe kostete in Allem 131 Pfund 4 Schilling neu. Der Nagel, an dem die Uhrglocke hing, wog mit seiner Zugehörung 2 Zentner und der neue Hammer, der auf die Glocke schlug, ohne den Stiel 113 Pfund. Die Bleigewichte zum Schlagwerk wurden von Christoph Lilgenweiß gegossen. Im Jahre 1484 machte Meister Ludwig den Thürmern einen sogenannten Wecker und eine Vorrichtung, mittels deren sie, wenn man ihnen läutete, durch Auftreten öffnen konnten. Im Jahre 1493 ließ man zu der Uhrglocke noch eine Viertelstunden=Uhr anbringen. Diese war die erste in der Stadt, da es früher keine Viertel, sondern nur ganze Stunden schlug.

Nach fast vierjährigen Anstrengungen hatte man zwar die Thürme unter Dach gebracht, aber die Baulichkeiten in ihrem Innern, an Portalen, Gängen und Geländern nahmen noch zwei Jahre in Anspruch. Die Abseiten der Kirche erhielten im Jahre 1484 einen neuen Dachstuhl, und Kirche und Chor wurden in diesem Jahre und im Laufe des nächsten neu gedeckt. Der Oelberg auf St. Sebalds=Kirchhof wurde im Jahre 1485 durch Christoph Lilgenweiß gedeckt. Im vorhergehenden Jahr ließ man auch die drei Steinbilde der Barmherzigkeit, Unser Lieben Frauen und St. Christophs, die an dem Pfeiler neben der Taufthüre stehen, durch den Stein= metzbalierer Ulrich Krauter restauriren.

Dem Kirchner bei St. Sebald Hanns Ulrich war die Aufsicht auf die Bauleute übertragen.

Der Bau dauerte 6 Jahre und kostete 12,204 Pfund 4 Schilling 11 hl. neu oder (den Gulden zu 2 Pfund 2 Schilling neu oder 8 Pfund 12 dl. alt gerechnet) 5811 fl. rhein. und 11 Schilling.

Schlusse nur noch die Namen einiger Handwerks=
, die Arbeiten zu dem Bau der Thürme lieferten:

Meister Hanns der Schreiner lieferte allerlei Schreinerar=
.eiten. Für einen Klöpfel erhielt er 6 bl., für ein neues Richt=
scheit 4 bl., für ein Reißbrett 10 bl., für ein neues Bleischeit
eben so viel, für eine neue Rahme in die Steinhütte, die mit
Papier vermacht und zugerichtet wurde, 2 Pfund, für eine
eichene Rahme in die Thürmer=Stube 2 Pfund, für ein
Täfelein, wann der Bau angefangen, 24 bl. 2c.

Conz Seyfrid der Schleifer schliff den Zimmergesellen
allen Handwerkszeug; 100 Beile zu schleifen machte 42 bl.

Meister Erhart Schmied bei dem neuen Thor machte
alles Eisenwerk und den Handwerkszeug für die Arbeitsleute.

Meister Niklas Greiner der Schlosser lieferte die
Schlosserarbeiten, Meister Peter der Stadtschmied und der
Matelkofer die Nägel, der Schmied von Laufenholz Hanns
Bülmann und Willibald Blank die großen eisernen Stangen
und anderes Eisenwerk für die Thürme 2c.

Die Steine nahm man vom Reuhelberg (Schmausenbug),
etliche auch vom Kornberg.

## 2. Nachrichten über den Bau und die Baumeister der St. Lorenzen-Kirche.

Auf dem Platze, den diese Kirche gegenwärtig einnimmt,
stand schon um die Mitte des zwölften Jahrhunderts eine
dem heiligen Laurentius geweihte Kapelle. Sie war eine
Filiale der Pfarrkirche zu Fürth. In der zweiten Hälfte des
folgenden Jahrhunderts entstand aus der Kapelle eine Kirche,
gleichfalls dem heiligen Laurentius geweiht und in den Jahren
1334 und 1341 wiederholt restaurirt und fortgebaut. In
letzterem Jahre wurde an der Kirche und den Thürmen
gebaut; alle werden als sehr schadhaft bezeichnet. Im Jahre

1380 baute man abermals an der Kirche. Als Baumeister wird Herman Keßler genannt.

Im Jahre 1403 arbeitete man an der Erweiterung der Kirche, weil sie die große Menge der Andächtigen, die namentlich an den Feier= und Festtagen herbeiströmte, nicht mehr faßen konnte und das rasche Anwachsen der Bevölkerung die Ausdehnung ihrer Räumlichkeiten dringend forderte. Man beschloß, einen neuen großartigen Chor herzustellen; im Jahre 1439 an St. Simon= und Judas=Tage wurde der Grundstein zu demselben durch den Weihbischof von Bamberg gelegt. Da aber die Mittel der Kirchenfabrik zu einem solchen Baue nicht ausreichten, wendeten sich die Kirchenmeister an die Synode von Basel, mit der Bitte, ihnen zu gestatten, daß die in reichlichem Maße vorhandenen Einkünfte der Kirche auf 10 Jahre der Kirchenfabrik zum Zwecke des Chorbaues einverleibt werden sollen. Nur für die Unterhaltung des Pfarrers sollen die nöthigen Mittel aus diesen Einkünften vorbehalten werden. Die Synode gewährte die Bitte der Kirchenmeister durch eine Bulle vom 16. September 1440, und beauftragte den Abt des Schottenklosters zu St. Egidien mit dem Vollzuge derselben. Die Mittel jedoch floßen nicht so reichlich, als man erwartet hatte. Der Bau machte deshalb nur langsame Fortschritte.

Der Meister, der den Bau führte, hieß Conrad Heinzelmann. Neben ihm arbeiteten im Jahre 1445 nur 6 bis 8 Gesellen in der Bauhütte, unter ihnen Cunz Lang als Vorarbeiter, und ebensoviele bei den Steinbrüchen. Selbst die im Jahre 1403 begonnene Erweiterung der Kirche war noch nicht gänzlich zum Abschluß gekommen. Erst im Jahre 1445 erfolgte die vollständige Eindeckung der Kirche, des alten Chores, der beiden Abseiten und des Sagerers (Sakristei) durch die Meister Leupold und Jörg, die mehre Monate damit beschäftigt waren und von denen jeder sechs Gesellen bei sich hatte. Meister Conrad führte den Bau vom Jahre 1445 bis 1448. In dieser Zeit erhielt er zu jeder Qua= tember 20 Gulden in Gold und einen jährlichen Hauszins von 8 fl. Eben soviel erhielt auch Meister Conrad Roritzer von Regensburg, der den Plan zum Baue gemacht hatte, jedesmal, so oft er denselben persönlich leitete, was nach dem Jahre 1448 öfter der Fall war. Er übertrug aber später dieses Geschäft seinem Valierer Hanns Pauer von Ochsenfurt, mit welchem der Rath am 17. Mai 1458 einen Contract über den Ausbau des Chores schloß.

Der Valierer Hans Pauer wurde bald darauf zum Meister gemacht, wahrscheinlich durch Meister Conrad von Regensburg selbst, der hin und wieder nach Nürnberg kam und den Bau besichtigte. Auch Meister Hanns Pauer arbeitete nur mit 5 bis 7 Gesellen in der Hütte und mit einer glei= chen Anzahl bei dem Steinbruch. Ihm zur Seite standen aber noch Cunz Lang, Hanns Frank, der Jung, Fritz Hohen= selser, Martin Unverdorben der Laubhauer und Hanns Zaiser, die fast alle bis zur Vollendung des Chores bei dem Bau beschäftigt blieben. Meister Hanns erhielt regelmäßig 5 Pfund Pfennige als Wochenlohn; seine Gesellen hatten des Tags 18—22 Pfennige Taglohn, je nachdem der Tag kurz oder lang war, und alle Wochen bekamen sie alle mit einander 20 Pfennige Badegeld.

Nachdem Meister Hanns vier Jahre lang als selbst= ständiger Meister den Bau geführt hatte, fiel er im Sommer 1462 in eine schwere Krankheit, die seinem Leben ein schnelles Ende machte. Am Montag nach St. Ulrichstag läutete man Meister Hannsen Pauer dem Steinmetzen mit dem großen Geläute. Auf die Nachricht von seiner Erkrankung eilte Meister Conrad von Regensburg nach Nürnberg, wo er zwei Wochen und etliche Tage verblieb. Er hatte Knechte mit= gebracht, die er beim Baue beschäftigte. Für seine Mühe

erhielt er 20 Pfund Pfennige. Nach seiner Abreise versah
Cunz Lang einige Wochen die Balierersstelle. In St. Sebalds=
Woche kam Meister Conrad wieder zurück. Diesmal hatte
er seinen Sohn Mathes mitgebracht, ben er zu seinem Ba=
lierer ernannte. Meister Conrad blieb brei Wochen zu
Nürnberg; jede Woche erhielt er 8 Pfund Pfennige, sein
Sohn 22 Pfennige Taglohn.

Im Jahre 1463 kam Meister Conrad zweimal nach
Nürnberg, das erste Mal in St. Kunigunden=, das zweite
Mal in St. Elisbethen=Woche; bei biesem letzten Aufenthalt
blieb er brei Wochen in ber Stadt unb in St. Katharinen=
Woche machte er seinen Sohn unb bisherigen Balierer
Mathes zum Meister, wozu ihm vom Rath außer seinem
gewöhnlichen Lohn 4 Golbgulben verehrt wurben. Eine
Woche barnach erscheint der bisherige Balierer Mathes bereits
als Meister unb mit einem Wochenlohn von 6 Pfund. Außer
diesem Lohn erhielt er alle Quatember einen Gulben. Wie
seine Vorfahren arbeitete auch er nur mit etlichen wenigen
Gesellen, theils in der Bauhütte, wo er sich viel mit Zeichnen
beschäftigte, theils bei ben Steinbrüchen. Als Gehilfen stan=
ben ihm Cunz Lang, Martin Unverborben ber Laubhauer
unb ein paar Andere zur Seite. Zu Ende des Jahres 1463
brachte man die neue Sakristei fertig; sie wurde sogleich
getüncht unb mit 1414 Fensterscheiben versehen; ihre Bogen
erhielten einen Anstrich von Röthelfarbe.

Am 24. September ließ ber Rath bem Meister Mathes
ben Bau zu St. Lorenzen burch Jobst Tetzel absagen. Die
Gründe, die ben Rath hiezu bewogen, sinb nirgenbs ange=
geben. Vier Wochen später, am 21. Oktober, wurde Meister
Jakob Grymme vom Rath aufgenommen zu einem Baumeister
des Baues zu St. Lorenzen, ben er versehen soll mit guten
Treuen. In ber barauffolgenden Allerheiligen=Woche kommt
er zum ersten Mal mit einem Wochenlohn von 6 Pfund,

Meister Mathes aber zum letzten Mal vor, indem ihm noch
3 Gulden Hauszins ausbezahlt wurde.   Auch Meister
Jakob *) beschäftigte nur wenige Leute; doch wurde der Chorbau durch ihn zu Ende geführt, und zwar schon im Jahre
1472, und nicht, wie Manche angeben, im Jahre 1477.
Denn es läßt sich urkundlich nachweisen, daß „Nach Christi
gepurt Tawsent vierhundert vnd In dem zway vnd Siben-
zigsten Jaren an dem Suntag Misericordia Domini dem
nechsten nach des wirdigen Heiligtums weyhung **) vnd zwien
tag darnach Ist geweiht worden der kor der loblichen pfarrkirchen Sand lorentzen mit sampt dem hawptaltar vnd anderer
sechs altar vnser lieben frawen, Sand Johansen, der heyligen
zwelfpoten ***), Sand Conrads, Sant Bartholomes vnd der
heyligen vier lerer, durch den erwirdigen In got Vater vnd
herren, herren Johansen, Ertzbischof zu Accon ꝛc., durch gunst
und willen des hochwirdigsten Fürsten vnd herren, herren
Görgen, Bischof zu Bamberg, vnsern gnedigen herren ꝛc., des
stat †) er verbesen hat.   Vnnd ist die kirchweyhung des
kors vnd der obgemelten Siben Altar auff den obgeschriben
Suntag Nach der weyhung des wirdigen Heyligtums bestetigt
vnd mit ablaß wegabt".

---

*) Seine Hausfrau Clara lebte als Wittwe noch im Jahre 1510,
  wo sie unter dem 8. Jannuar das Erbe an ihrer Behausung
  hinten an der Pegnit zwischen zweien Häusern des Rathes
  an den Stadtbaumeister Michael Pebeim Namens der Stadt
  verkaufte.  Seine Tochter Margaretha war an Hanns Pechner
  verheirathet und gab zu diesem Verkauf ihre Einwilligung.

**) Die Reichsheiligthümer und Kleinode mit dem Krönungs-
  ornat der deutschen Könige und Kaiser, die zu Nürnberg
  verwahrt und alljährlich dem Volke vorgezeigt (gewiesen)
  wurden.

***) Apostel.

†) i. e. dessen Stelle er versehen (verwesen).

Der Hauptaltar im Chore wurde geweiht zur Ehre des heiligen und großen Martyrers St. Laurenzen, St. Stephans, St. Vincenz, des hl. Kaisers Heinrich, St. Otten, der hl. drei Könige, der unschuldigen Kindlein, aller Heiligen, St. Ziprians, St. Justina, St. Hippolyts, St. Hermes und St. Rufus der Martyrer. An Heiligthum und Reliquien wurden in diesem Altare verschlossen verschiedene Stücke von St. Laurenzen, St. Stephan, St. Vincenz, St. Peter des Zwölfboten, St. Mattheus, St. Jakob, St. Andreas, St. Lamprecht, St. Hippolyt, dann etliche Stücke von den Gebeinen und Kleidern des heiligen Bischofs St. Otten, der heiligen drei Könige, St. Ziprians, St. Justina, der heiligen Jungfrau und des heiligen Martyrers St. Theodors.

Unser Lieben Frauen-Altar wurde geweiht zu ihrem Lobe und zur Ehre ihrer Mutter St. Anna, ihrer Muhme St. Elisabeth, St. Martha und St. Maria Magdalena. An Heiligthum und Reliquien wurden darin verschlossen: Stücke von dem hl. Kreuz, von dem Kleid der hl. Jungfrau Maria, St. Lorenzen, St. Andreas, St. Martins, St. Nikolaus, St. Dionysius, St. Benedikts, St. Annen, St. Elsbeten, St. Martha, St. Maria Magdalena, St. Katharina und St. Agnesen.

Der mittlere oder St. Johannes-Altar wurde geweiht zur Ehre des hl. Zwölfboten und Evangelisten St. Johannis, St. Mattheus, St. Markus, St. Lucas der hl. Evangelisten, St. Deocarus (Eucharius) des hl. Abts, St. Moritzen, St. Sebastian und Fabian, St. Georgen, St. Veits, St. Sebalds und der heiligen „gulden Mawren". In diesem Altare wurden verschlossen etliche Stücke von dem Meßgewand des Evangelisten St. Johannis und dem hl. Kreuz, sowie Reliquien St. Deocarus, St. Mattheus, St. Sebastians, St. Georgen, St. Veits, St. Sebalds, St. Quirins, St.

Gertraubs, und Stücke von dem Rock des hl. Bischofs St. Willibald und von den „gulden Mawren".

Der Zwölfboten= oder Apostel=Altar wurde geweiht zur Ehre aller Zwölfboten, St. Walburgis, „St. Reich=harts" ihres Vaters, St. Willibalds und Wunibalds, ihrer Brüder, St. Sigmunds, St. Eligius und St. Sola, des hl. Abtes. In diesen Altar kamen etliche Reliquien der hl. Zwölfboten St. Peter und St. Pauls und einiger an=derer Apostel, sodann St. Dionysius, St. Mauritzen, St. Ni=kolaus, St. Franziskus, St. Willibalds, St. Richards, der hl. drei Könige, „St. Walthers" des hl. Kaisers, St. Mar=garethen, St. Claren, St. Felicitas, St. Corbula und etliche Stücke von den „aynlefftawsend mayden" *).

St. Conrads=Altar bei dem Sacrament wurde geweiht zur Ehre des hl. Bischofs St. Conrads, St. Chri=stophs, der 14 Nothhelfer, St. Achatius und seiner Gesell=schaft, St. Crispins und St. Crispinians und der hl. Cäcilia. In diesen Altar wurden gelegt: Reliquien von St. Conrad, St. Christoph, St. Georg, St. Nikolaus, St. Lienhard, St. Sebastian, St. Erasmus, St. Sigmund, St. Gilg (Egibius), St. Achatius, St. Cäcilia, St. Ursula, St. Mar=garetha, St. Katharina, St. Barbara und der „aynlefftawsend mayden".

St. Bartholomäus= oder der vorderste Eck=altar wurde geweiht zur Ehre des hl. Zwölfboten St. Bar=tholomäus, St. Jobs (Jodocus), St. Lucia, St. Ottilia, St. Barbara und St. Helena der heiligen Kaiserin. An Heiligthum wurde in diesem Altare verschlossen ein Spahn von dem hl. Kreuz, ein Stück „von der stat Caluarie, do der Herr an geliden hat vnd gestorben ist", ein Theil von

---

*) Die 11,000 hl. Jungfrauen, i. e. St. Ursula mit ihren Genossinnen.

dem Grab unsers Herrn, und anderes würdiges Heiligthum
von den hl. Stätten, an denen der Herr gelitten hat; sodann
Reliquien von dem Grab unser lieben Frauen, St. Bartho=
lomes, St. Andres, St. Mathes, St. Lorenzen, St. Stephans,
St. Vincenzen, St. Jobs, St. Augustins, St. Barbara,
St. Lucia, St. Ottilia, St. Helena, St. Anastasia ꝛc.

Der Altar der heiligen vier Lehrer in der Ab=
seiten oberhalb des Sagerers ward geweiht zur Ehre der
heiligen vier Lehrer St. Hieronymus, St. Augustins, St. Gre=
gorius und St. Ambrosius, sodann St. Florians, St. Gott=
hards, St. Severus und Severinus, St. Burkhards, St.
Apollonia. In diesen Altar kamen Reliquien von den ge=
nannten vier heiligen Lehrern, sodann von St. Pancratius,
St. Georg, St. Wolfgang, St. Burkhard, St. Apollonia,
St. Juliana, St. Felicitas, St. Constantina der hl. Jungfrau,
und von den „heyligen gulden Mawren".

Der Chor und das Innere der Kirche war sohin für
den Gottesdienst vollständig und würdig hergerichtet; die
Arbeiten an ihrem Aeußern und am Dach mögen allerdings
noch einige Zeit, vielleicht bis zum Jahre 1477, gedauert
haben.

Vielleicht gewährt es noch einiges Interesse, wenn ich
zu den gegebenen Notizen auch die Preise einiger Baumate=
rialien und Requisiten, die zum Chorbau verwendet wurden,
in Kürze notire:

In den Jahren 1445—1449 kosteten 1000 Hackenziegel
13 Pfund Pfennige, das Sümer Kalk 22—32 dl., ein
gewöhnlicher Bruchstein (wahrscheinlich vom Reuchelberg, jetzt
Schmausenbug) 9 dl., ein Stein vom Kornberg (Lbg. Schwa=
bach) 1 Pfd. 5 dl., kleine Ziegelsteine das 100 22 dl., das
Fuder Sand 4 dl. und ein Bruckholz 6 dl.

In den Jahren 1462—1468 kosteten 100 Halbnägel
8 dl., 100 Bühnnägel 12 — 13 dl., ein Tannenbrett von

20 Schuh Länge 20 bl., ein Buch Papier für den Balierer oder Meister 21 bl., das Hauerlohn für ein Rüstholz von 35 Schuh 2 bl., für ein Riegelholz 5 bl., Gewölbziegel das 100 1 Pfd. 15 bl., 1414 Fensterscheiben und der Macher=lohn des Meisters Hanns Hertenwerger 13 fl. an Gold oder in Münze (den Gulden zu 7 Pfd. 11 bl. gerechnet) 95 Pfd. 23 bl., venetianische Glasscheiben das 100 4 Pfd., eine eiserne Schaufel 9 bl., und das Pfund von einem zwei Centner schweren Seil 1 bl. und 1 hl.

Ein Pferd verdiente bei dem Baue täglich 22 bl., und der Junge, der es leitete, 3 bl.; der Steinführer erhielt für jede Fuhre 44 bl., der Zimmermann Meister Eucharius jeden Tag 24 bl., und seine Gesellen jeder 20 bl., und an den Samstagen etliche Pfennige zu einem Badegeld.

## 3. Die Marien-Kirche.

### a) Die Kirche.

Diese Kirche steht auf dem Platze, auf welchem ehemals die Judenschule stand. Diese ließ Kaiser Karl im Jahre 1354 abbrechen und sofort den Bau der Marien=Kirche beginnen. Im Jahre 1358 war der Bau bereits so weit vorangeschritten, daß man die Kirche und den Zwölfboten= und St. Barbara= Altar einweihen konnte. Dies geschah am Sonntag nach St. Jakobs=Tag auf Befehl des Kaisers durch den Minoriten Johannes, ehemaligen apostolischen Legaten in der Tartarei. In den Zwölfboten=Altar legte Johannes Reliquien von St. Johannes dem Evangelisten, und von St. Johannes Baptista, sodann von St. Peter und St. Paul, St. Jakob dem Größern und St. Nikolaus. Der Altar ward zu glei= cher Zeit auch zu Ehren St. Michaels und aller heiligen Engel geweiht.

St. Barbara-Altar ward geweiht zu Ehren St. Wenzeslaus, St. Georgs, St. Veits, St. Vincentius und der 1000 Marthrer, St. Maria Magdalena, St. Barbara, St. Margaretha, St. Katharina, St. Helena und der 10,000 hl. Jungfrauen. Reliquien dieser Heiligen wurden in den Altar eingeschlossen.

Der Chor mit dem Frauenaltar wurde später vollendet; beide wurden am zweiten Sonntag im Advent eingeweiht. In der Quelle, aus der diese Angaben geschöpft sind, ist das Jahr nicht angegeben; es mag jedoch 1360 sein.

St. Michaels-Chor über dem Portal wurde am Sonntag nach Christi Himmelfahrt 1361 (?) geweiht.

Das Zinndach auf diesem Chor und das goldene Thürmlein wurden im Jahre 1411 auf Veranlassung des Kirchenpflegers Stephan Schulers, des Aelteren, durch den Orgelmeister, Meister Albrecht Frumann, gedeckt. Dazu verwendete dieser bei 19 Centner Zinn.

Der Gang über dem Portal wurde im Jahre 1413 mit 5 Centnern und 72 Pfund Zinn gedeckt. Das war aber zu dünn, so daß Stephan Schuler (der Jüngere?) den Gang im Jahre 1442 abermals decken ließ. Diesmal verwendete man 9 Centner 25 Pfund Zinn. Ebenderselbe ließ im Jahre 1446 auch die Dächer auf den beiden Schnecken neben dem Portale mit Zinn decken. Dieses hatte ein Gewicht von 571 Pfund.

Schuler ließ im Jahre 1443 auch die zwei Orgeln der Kirche ganz neu herstellen; sie kosteten mit allen Sachen bei 245 fl.

b) Das Uhrwerk mit dem Kaiser und den Churfürsten.

Dieses Uhrwerk mit dem Kaiser und den Churfürsten, die um ihn herumgehen, ist nicht etwa erst im Jahre 1509 angefertigt worden; es bestand ein solches schon seit dem Jahre 1361, wie Müllner in seinen Jahrbüchern ganz richtig bemerkt. Dieses alte Uhrwerk mit seiner Zugehörung wurde im Jahre 1506 abgebrochen, und beschlossen, an seine Stelle ein neues anbringen zu lassen. Das hierauf bezügliche Raths= defret ist vom 6. Mai 1506 datirt.

Auf Ansuchen Ulmann Stromer's, Kirchenpflegers, und Peter Harsdorfers, Kirchenmeisters zu Unser Lieben Frauen, versammelten sich am 3. Juni 1506 Michel Behaim, N. Schlüßelfelder, Meister Hanns Behaim, Meister Jorg Stabelmann, alle eines ehrbaren Raths Baumeister und Werk= leute, sodann Sebald Schreier, Kirchenmeister zu St. Sebald, Meister Peter Bischer, Rothschmied, Meister Sebastian Lin= benast, Meister Adam Mertz, Steinmetz, und Meister Jorg Heuß, Schlosser, um sich über den Plan und die Ausführung des Werkes und der dazu erforderlichen Baulichkeiten zu berathschlagen. Man einigte sich bald. Die Herstellung des Mauerwerks wurde dem Meister Adam Mertz, der Gerüste und des Holzwerks dem Meister Jorg Stabelman, der Figu= ren dem Meister Sebastian Lindenast, und des Uhrwerkes dem Meister Jorg Heuß übertragen.

Noch in demselben Jahre begann man mit Herbeischaffung der Bausteine. Die Meister arbeiteten emsig, jeder an dem ihm übertragenen Theil, so daß das Ganze im Jahre 1509 vollendet dastand. Es kostete 1641 fl. 4 Pfd. 17 dl.

Peter Harsdorfer, Kirchenmeister, hat hierüber aus= führliche Rechnung geführt. Die Auszüge aus derselben *) werden über die einzelnen Bestandtheile dieses Kunstwerks und über die Meister nähere Nachricht geben.

---

S. Beilage IV.

## c) Schatzverzeichniß der Marienkirche *).

### Bilder, Monstranzen, Kelche und Gefäße ꝛc. von Silber und anderm Metall.

Was ich Stephan schuler von silbrein cleynot pey dem Gotzhaus gefunden hab, do ich an die pfleg kom **), das stet hernach geschriben:

Item ein Silbrein Bischoffs haubt, das ist eins tails vergult mit ettwe vil stein, das wigt zweintzig marck vnb fünffthalb lott Silbers. Von dem haubt hab ich genomen vier vergult engel, wegen 2 marck 4 lot, ½ quintein, vnb hab sie gemacht an das vergult pischoff haubt, als hernach geschriben stet.

Item ein gros silbrein vergulte monstranczen, dorjnn man vnnsers herrn leichnam tregt, die wigt viercehent-halb marck.

Item ein Silbrein vergult kreütz mit edelm gestein, do der span des heiligen creutz Jnn geweft ist, das kaiser Karll seliger dem gotzhaus geben hat, wigt vier marck vnb eylfft-halb lot.

Item ein silbrein monstrancz, eins tails vergult, mit einem straussen ay: die wigt bey Sechs marken.

Item ein hohe silbreyne vergulte monstranczen, do hezent sant peters zan Jnnen ist, wigt mit dem glas zwo mark eylff lot.

Item ein Silbrein Monstranczen, ist vergult eins tails

---

*) Dieses Verzeichniß ist aus einem alten Saalbuche, das im Jahre 1442 angelegt und bis zum Jahre 1466 fortgesetzt wurde.

**) Im Jahre 1432 wurde Schuler Kirchenpfleger.

mit einer parillen, do die zween dorn Innen sein; die wigt mit der parillen drey mark vierdhalb lot.

Item ein silbrein monstrainczen, eins tails vergult, mit einer parillen, do vnnser frawen gürtell Innen ist, die wigt mit der parillen zwo marck ein halb lot.

Item ein Silbrein Monstranczen, eins tails vergult, mit einem parillein überlib, wigt mit der parillen zwo mark vier lot.

Item ein cleins monstrenczlein, ein tails vergult, mit einem turnbechlein, wigt mit dem glas anderthalb mark an ein halb lot.

Item ein clein Silberein maria pild auff einem amatisten fuess, wigt mit dem amatisten ein mark britthalb lot, dorjnnen ist ein stücklein vnnserer frawen schleyr.

Item ein silberein vergult kreutzlein mit der Beheim schillt, das wigt ein mark.

Item ein silberein vergult kreutzlein, das wigt ein mark.

Item ein clein silberein kreutzlein, eins tails vergult, daz wigt Newn lot ein quintein.

Item ein silbereine vergulte monstranczen, dorjnn sant anthonigs Heiligthum ist, mit einer parillen; die wigt mit der parillen siben mark vnd virdhalb lot. Ist verprunnen vnd man hats verkaufft die mark vmb acht guldein.

Item ein grosse kupffereine monstranczen, da man etwenn vnnsers herren leichnam Innen getragen hat; die ist vergult, vnd zu oberst ist ein weiß silbrein maria pildlein darjnnen.

Item ein gros kupfferein vergult kreutz mit Maria vnd Johannes pild, das man auch herfür zu dem heiligthum setzt, vnd das hebt man aus dem fuß.

Item mer zwelff vergullt kelch mit zwelff patenn, die wegen alle zwurndzweintzig marck vnd drey lot. Der kelch ist einer verkaufft, der wigt anderthalb mark mynder ein halbs lot. Er was pos. 1453.

Item ein silbrein reuchfas, daz wigt achthalb marck.

Item ein silbrein püchslein zum Sacrament am karfreitag In das grab, wigt fünff lot an ein quintein.

Item zwey silbrein altar kenndelein, die wegen drey= czehen lot.

Was ich Steffan schuler von silbrein cleynot zu dem gotzhaus erzeugt hab von des gotzhaus gelt, vnd das man darzu geben hat von cleynot, die weil ich pfleger gewest pin, stet da hernach geschriben:

Item ich hab lassen machen ein silbrein tafeln mit zwey flügelleyn, dorjnn vil wirdigs heiltums beslossen ist, vnd auff der tafeln ist vergult vnd weiß silbers vier marck, fünff lot vnd anderthalb quintein, So ist daz gespreng auff der tafflen kupfferein vnd vergult. Auch sint die leistlein vmb die zwey flügelein auch kupferein vnd vergult. Das annder ist alles silbrein weiß vnd vergult. Summa das die tafeln kost fünffvndfünfftczig gulbein vnd sechzehen schilling in golb. 1432 *).

Item ein silbrein vergult monstranczen mit einer parillen, dorjnnen Sant kathrein heiligthum ein mercklich stuck ist, vnd vil annders wirdigs heiligthums. Das hat Peter Külscheymer an daz gotzhaus geben. Die wigt zwo mark Sechs lot mit der Parillen. 1438.

Item ich hab auch kaufft dem gotzhaus ein gros silbrein vergult maria pild, das wigt an silber achtzehen marck vnd sechsthalb lot vnd kunpt ye ein marck vmb eylffsthalben gul= dein. So ist die cron vnd daz heffstell vnd der zepter eytel gulbein; das wigt eylfsthalb lot, ein halbs quintein. Also

---

*) Bezeichnet das Jahr, in welchem der Gegenstand angefertigt oder angekauft wurde.

hab ich für daz maria pild bezalt für golt, silber vnd aller=
ley daran zweyhundert vnd ein vnd virtzig gulbein fünffczehn
schilling In golb brey haller. 1438.

Item ich hab kaufft ein Silbrein Maria prustpild vorn
mit einer parillen, borjnn ein stuck von vnnser frauen schleir
ist. Daz wigt aylsthalb marck vnd ein quintein. Dafür hab
ich bezalt brey vnd achtzig gulbein. 1441.

Item ein Pfragnerin bey dem leber türlein gab an baz
gotzhaus ein silbrein vergulten kelch vnb ein paten, ber wigt
anderthalb marck on ein lott. 1441.

Item ich hab kaufft ein gros silbrein vergultt kreutz,
borein man ben span bez heiligen creutz than hat, das wigt
mit silber vnd parillen vnd perl vnd stein eylff marck ander=
halb lot, das alles kost für alle binck anderthalbhundert vnd
brey gulbein. 1441.

Item ich hab lassen machen ein silbrein püchsen, borjnn
man ben wehrauch tregt, So man zu heiligen zeiten reücht,
bie wigt achtzehn lot an ein quintein. Dafür hab ich bezalt
zwelffthalben gulbein. 1442.

Item ich han kaufft ein silbrein geseß mit einer pa=
rillen, ist ein taill vergultt vnd ein taill weiß. Derauff
stet ein Silberein vergult maria pild, baz wigt als mit ber
parillen achthalb mark vnd zwey lot. Das alles kost fünff=
vnbsibentzig gulbein on ein halb ort. 1443.

Item ich han kaufft ein silbrein vergult monstranczen
mit einer parillen, bie wigt an bie parillen eylff marck brei
lot ein quintein, kumpt ein mark vmb newn gulbein, ein
ort, vnb für bie parillen gab ich Sechs gulbein; bie kost
hundert vnd newn gulbein zwelff schilling. 1443.

Item ich hab kaufft ein silbrein vergult maria pilo, bie
hat ein kindlein an bem arm. Das wigt fünffthalb marck
zwey lot ein quintein, kost ein marck newn gulbein ein ort.

Summa daz pild kost zwenundvirtzig gulbein achtzehen schil=
ling. 1443.

Item ich hab kaufft ein silbrein vergult Sant paulus
pild, wigt vier marck brew lot; des kost ein marck Newn
gulbein ein ort. Summa das pild kost newn vnd dreissig
gulbein on ein ort. 1443.

Item ich hab kaufft ein Silbrein vergullt Sant enndres
pild, wigt vier marck vier lot an ein quintein, des kost ein
marck newn gulbein vnd ein Ort. Summa das pild kost
Newnvnddreißig gulbein vnd vierdhalben schilling. 1443.

Item ich hab kaufft ein silbrein vergult schiff mit vier
zwelspoten Sant Peter, Sant Eundres, Sant Johanns,
sant Jacob, wigt fünffundczweintzig mark ein lot, bez kost
ein marck Siben gulbeyn ein ort. Summa daz kost hundert
vnd einvndachtzig gulbein virdhalben schilling. 1444.

Item ich hab kaufft ein silbrein vergult bischoff haubt,
das wigt vierczehenthalbe marck, ein quintein, des kost ein
marck zehenthalben gulbein, Summa hundert achtvndzweintzig
gulbein, acht schilling. Mer hab ich machen lassen vmb daz
vorgeschriben pischoff haubt unten ein vergulte leisten, wigt
26½ lot ½ quintein, kost 19 gulbein ½ ort. Mehr hab ich lassen
machen an daz selb vergult haubt vier silbrein vergult engell,
wegen 2 mark 4 lot ein quintein. Die selben vier engel
hab ich genommen von dem grossen weissen silbrein pischoff
haubt, das vor bei dem gotzhaus gewest ist. 1444.

Item hab ich mer kaufft ein clein Silbereyn vergult
monstrenczlein mit einer parillen, thurndechlein vnd einem
clein maria pildlein borauff, wigt 1½ mark ½ quinteyn, das
kost 12 gulbein. 1445.

Item ich Steffan schuler hab mer kaufft ein weisse
silbreyn monstranczen, wigt lauter zehen marck zwey lot
1 quintein, kost 78 gulbein. 1445.

Item ich hab mehr kaufft ein silbrein vergulten arm,

dorein man sant Policarpus arm than hat, wigt 12½ marck 1½ lot, kost 160½ gulden. Daran hat geben zusteur Herr Eberhart aschlupper, der ein priester zu vnserer frauen was, zweintzig schock grosch vnd 47 grosch, Das übrig habe Ich von dez gotzhaus gelt bezalt. 1446.

Item ich han mer kaufft ein weisse silbreine monstrantz, wigt 2 mark mit der parillen, kost 18 gulden. 1448.

Item Vlrich füterer hat geben an das gotzhaus einen sarch.

Item ein silbrein vierecketes pacem, wigt bey einer marck. Daz gaben vnnser Herren vom Rate.

Item mer ein silbreins pacem synbel (rund) vergult mit einer perlmutter.

Item mer ein silbrein vergult pacem auch synbel mit einer parillen mit vil stuck heiligthum vnd bez heiligen creutz vill dorjnnen.

Item mer ein Newen silbrein vergulten kelch.

Item ich Steffan schuler hab kaufft ein Silbrein vergulte katherina, wigt eylff mark virdhalb lot, die kost hundert vnd achtzehen gulden vier schilling. 1451.

Item ich Steffan schuler hab kaufft ein silbrein monstranczen, ist weiß, wigt 12 marck 13½ lot, die kost hundert gulden mynder 14 schilling Jn gollde. 1451.

Item ich hab aber kaufft ein monstranczen, ist Synbel scheyblot vnd hat ein parillen vnd hat vmb die parillen etlich Silbrein Rosen mit stein vnd perll, die wigt vier mark zehen lot vnd kost 35 gulden mynder ein ort. 1451.

Item ich hab kaufft zwey silbrein altar kendelein, wegen 1 mark siben lot 1 quintein, kost 11 gulden minus 1 ort. 1451.

Item Prawn fürkeuffel dedit ein kelch vnd 1 pacem, kost bey 23 gulden, sol man albeg zu der tagmeß nutzen. 1453.

Item Jeroninus kreß hat kaufft von des gotzhaus gelt
Ein monstranczen, wigt 31 marck 10 lot ein quintein, kost
273 gulbein, 5 Schilling 7 haller In golbe. 1453.

Item ich Jeronimus kreß hab kaufft von des gotzhaus
gelte ein vergullten Sant Wentzla, wigt 3 marck, mynder
ein quintein, kost 24 gulbein minus ½ ort. 1453.

Item ein vergullte Barbara, wigt 3 marck 13½ lot.

Item ich Jeronimus kreß han kaufft ein silbrein vergult
haubt mit einer parillen, das wigt an die parillen 23 marck
newn lot 2½ quint, kost ein mark 13 gulbein. So kost bie
parillen 7 gulbein facit alles 304 gulbein 4 Pfunb, borjnn
ist Sant anthonigs gorgell (sic), unb es ist kaufft von bez
gotzhaus gelt 1466.

Item bie 4 silbrein vergulten Reymen vnb bie 4 knopff
an ben 4 menteln, wegen 4 mark 12 lot 4 quintein, kost
ein mark 13 gulbein, facit 31 gulbein 1 Pfunb.

Item ein silbrein vergult gesperr an bem Roten sammat
mantel, wigt ein marck.

## Meßgewänder und Ornate.

Was ich Steffan schuler Meßgewant bei bem gotzhaus gefunben
hab, bo ich an bie pfleg kom, stet ba hernach geschriben:

Item ein plab Sammatein meßgewant mit einem perlein
kreutz mit ber beheim schiltt.

Item ein weiß gulbein meßgewant mit zweyen rocken
mit ebner vnb forchtel schilt.

Item ein Rot sammat meßgewant mit zweyen rocken
mit gulbein sternen, mit Runell vnb tetzel schillt; auf bas
selb rot orbinat hab ich lassen machen ein gulbein letzten von
Perlein vnb etlich engel von perlein vnb auff bie rock bie
vier ebangelisten von perlein. Die selben stuck alle von perll
bie gehorn zu bem kostenlichen orbinat, bas wir zu ber

kirchen kaufft haben als hernach geschriben stet, vnd der
Rumell hat Newr den slechten sammat zu dem gotzhaus geben.

Item ein rot gulbein meßgewant mit zweyen rocken.

Item ein plab seydein meßgewant mit gewulcken vnd
gulbeyn sternn mit zweyen Rocken mit einem gulbein porten
kreutz mit sürspangen.

Item ein vntz gulbein meßgewant mit einem Roten
poden, ist der kaiserin mantel gewest, hat deз reichs
schilt vnd ein schilt von stetin.

Item ein gulbein meßgewant mit einem grünen poden.

Item ein gulbein meßgewant mit einem swarczen poden.

Item ein altprawn samatein meßgewant mit einem ge=
neten gulbein kreutz.

Item ein alts rots sammat meßgewant mit einem gulben
porten kreutz.

Item ein plab sammat meßgewant mit gulbein strayssen.

Item ein plab vnb rot sammat gestreifft meßgewant.

Item ein alt grün sammat meßgewant mit gulbein
streiffen.

Item ein altz grüns meßgewant mit einem gulbein por=
ten kreutz mit der holezschuher schilt.

Item ein alts gulbeins meßgewant mit einem plaben
poden.

Item ein satlab Sammat meßgewant mit einem geneten
kreutz, ist verprunnen.

Item ein plab schammalottein meßgewant mit einem
geneten creutz mit haller vnd Nieter schilt.

Item ein altz pos seydeins meßgewant gemesirt mit
einem gulbeyn porten mit grün strichen.

Item zwey swartze meßgewant von Camucka mit kreutzen
von gulbein porten.

Drei plabe parchetin meßgewant, sein fast alt.

Item zwey meßgewant von plabem schetter mit kreutzen

von Rotem schetter, die nuczt man In der vasten; ist eins vernuczt mit dem Probst, do er starb.

Item ein alts pos gulbein meßgewant von mancherley farb.

Item ein swartz schetter meßgewant mit silber aufgedruckt *).

Item 4 rote corporal mit perlein sammat, ein plab damasco corporall mit perll, 2 plabe damasco corporall, sein all verprunnen bei conrat grafen mesner Anno 1465.

Was ich Steffan schuler meßgewant vnd orbinat zu dem gotzhaus kaufft habe von des gotzhaus gelt, vnd was man meßgewant zu dem gotzhaus geben hat, die weil ich pfleger gewest pin, das stet da hernach geschriben:

Item ich Stephan schuler hab kaufft dem gotzhaus mit willen vnd wissen vnserr Herren vom Rate, die mich auch das gehaissen haben, ein costenlich orbinat mit namen vier stuck, ein Casawn, ein ewangelier vnd ein epistler rock vnd ein kormantell, zwen stoll, drey hantfannen, drey vmerall, Sechs püchsen an die alben, vier fleck auff die alben, alles kostenlich von Perlein gehefft, Mer zwo kostenlich Innfeln von Perlein vnd von silber. Das alles hab ich kaufft von fritzen vißperger, des Haintz Rumels diener, dem es zu pfand gestanden ist von Kaiser Sigmund seligen, vnd der kauff ist auch geschehen mit willen vnd worte vnnsers genedigen herren kaiser Sigmund seligen. Vnd die kauffbrief

---

*) Das Verzeichniß führt noch viele Meßgewänder auf, und darunter mehre goldene, seidene und taffete mit den Schilden der Rumel, Haller, Zütschen, Lochaymer, Grafer, Forchtel, Tucher, Rieter, Beheim, Pirkheimer, Pfinzing, Finken, Pilgram und Maurer.

darumb haben vnserr Herren des Rats in der lofungftuben, vnd vnnfer herren vom Rate haben für daz alles bezalt dem fritzen vihperger fünffczehenhundert gulbein Reinifch, hab ich ftephan fchuler vnnfern herrn vom Rate widerumb bezallt von bez gotzhaus gelte.

Item So hab ich die Cafawn vnd die zwen rock vnd die Innfeln vnd die vmberal vnd die püchfen vnd die fleck von Neuem laffen hefften, wo es fchaden genomen het, der felb fchab faft gros waz allenthalben daran; dauon hab ich geben zu lon vnd für perll vnd vntzgolt vnd feyben tuch 69 gulbein vnd 33 bl.

Item ein Rot arrafein meßgewant mit einem gulbein porten kreutz.

Item ein Rot meßgewant von Zenbal mit einem geneten gulbein creutz mit ebner vnd riter fchillt.

Item ein weiß leynein meßgewant mit einem gulbein creutz.

Item ein Rot zamalottein meßgewant mit einem gulbein porten creutz mit behehm vnd Hirffogel fchillt.

Item ein rot burffat meßgewant mit einem gulbein geneten kreutz.

Item ein grün vnd rot Pellikin meßgewant mit golbe gefprengt mit einem gulben geneten creutz mit bez Kötz= lers fchillt.

Item ein fwartz fammat meßgewannt mit einem gulbein ftammen kreutz.

Item 6 rote arrafein meßgewant mit vnnfers herrn marter am creutz, zalt die kirch 1453.

Item ein fwartz auffgedruckt meßgewant mit filber, hat berchtold Tucher geben 1453.

Item ein grün famat meßgewant mit einem preyten gulbein kreutz mit heiligen geftickt, hat der Peter fchonknecht geben 1453.

Item 5 weiſſe meßgewant von leimbat mit preyten kreutzen mit pildwerck vnd zwen korock Im 1463 Jar.

Item ein weiß ſeydein geſtraifft meßgewant.

Item ein meßgewant von Rotem tuch mit einem kreutz ſtammen, hat heinrich meichſner geben von ſeiner tochter cleider, der bartelmes kneblin.

Item Hanns gartner bedit ein weiß meßgewant von tuch.

Item ein weiß ſeydein ſenlein mit gulbein portlein vnd ſeydein gefrennſen, das man priſtern umbthut zu gotzleichnamſtag.

Item Fritz Derrer gab vnnſer frauen ein grün damaſco mantell, bo hab ich ein meßgewant aus laſſen machen vnd hab barczu kaufft ein vnczgulbein kreutz mit perlein mit vnſers herrn marter vnd pilben vnd alben vnd ſtoll 1454.

Item ich han kaufft ein roten ſcharlachein rock, daraus ließ ich machen ein meßgewant vnd 2 rock, vnd kaufft barczu ein vntz gulbein creutz mit perll mit vnnſers herren marter vnd die vier ewangeliſten vnd 4 kupferein lebenkopff mit vier kupferein knopffen, alles vergullt, vnd alm vnd vmeral vnd ſtol 1454 *)

Item 2 ſeydein myniſtrir rock, rot von zennbell, gab kunrat Reiger ſeydenneter.

Item 2 ſwartz myniſtrir rock, hinten mit vergulten kupfferein lebenkopfflen vnd knopfflein, hat man aus der linhartt ſtromerin mantel gemacht, was ein ſeiten.

## Die Chorkappen.

Item ein plabe ſammatein korkappen, mit gulbein

---

*) Außer vorſtehenden enthält das Verzeichniß noch viele Meßgewänder mit den Schilden der Tucher, Ebner, Oſterreicher, Beheim, Hirſchvogel, Holzſchuher, Grolant, Graſer, Paumgartner, Imhof und Reibung.

rosen gesprengt, mit des Hertzogen vom Perg wappen mit silberein sperren.

Item ein allte gulbeine korkappen mit dem englischen grus, mit einem Roten poben, mit silbrein vergulten mantell Spangen.

Item ein alte gulbeine korkappen mit einem plaben poben mit silbrein mantelspangen.

Item ein grünn Pellickin korkappen mit einem swartzen poben mit golb borein, mit silbrein vergulten mantelspangen.

Item fünff grün pellickin korkappen mit Roten poben mit golb borein, mit silbrein vergulten mantellspangen.

Item zwo plab gesogelt korkappen von Parchant, dorinn man den weihprunnen gibt.

Item zwei gulbein korkepplin, die die knaben tragen, mit Rotem poben.

Item 4 aufgebruckte plabe engelgewant mit golbe vnd mit seyben gefrensen vnb 8 gulbein flügell barzu, die man zu vnnsers Herrn leichnamstag nüczt, vnb vier libreine suter borczu.

Item ein weissen seybein damasco mantell mit golbe mit silbrein gesperrn mit einem Reymen Aue.

Item 2 seybein damasco mentell vornn mit silbreyn gesperren mit Reymen Aue maria.

Item ein Rott vnb weissen mantell mit golb, was des von Zyly schauben, mit silbrein gesperrn, Aue maria.

Item ein weissen kormantell von leynbat, den man an der Samstag nacht nüczt.

Item 2 weisse korkepplein mit dem engelischen grus vnb mit zweyen vergulten knopsslein, kupsserein *).

---

*) Im Verzeichnisse werden noch mehre Chorkappen aufgeführt; man hat hier wie bei den übrigen Gegenständen nur die wichtigeren Stücke aufgenommen.

#### Altartücher und Teppiche.

Item ein swartz altartuch von damasco mit vntz gulbein fürspangen mit einem geneten maria pilb mit seckendorffer vnd Hohenfelser schilt.

Item 2 alte gulbein altartücher mit grünem vnd rotem poben, mit einer leysten, mit kupfferein vergulten spangen.

Item 8 alt gewürckt altartücher, eins mit der geuber schilt, das dritt mit pfintzing schilt.

Item zwey alte pose altartücher von plabem gefogelten parchant.

Item zwey alte pose gulbein altartücher mit grünem poben.

Item zwey altartücher von Pellickin Rot grün mit golb gesprengt.

Item ein gut gulbein altartuch mit einem roten poben.

Item zwey gewürkt altartücher, das ein mit paum-gartner vnd zenner, das ander mit tucher vnd groland schiltt.

Item ein gewurckt altartuch mit vnser frauen kintpet.

Item ein altartuch mit gewülken mit Sant Barbara pilbe mit ebner vnd Rieter schilbe.

Item ein gewürckt altartuch mit des Storn schiltt.

Item zwey gulbein altartuch mit Roten poben, eins nuczt man zu der heiligthum tafell.

Item vier leynbat altartucher, die nüczt man In der vasten, haben Swartz vnd Rote scheter kreutz.

Item ein gewürckt altartuch mit sant feliczen mit Iren Siben Sunen.

Item ein altartuchlein für vnnsers herrn leichnams kalter mit einem osterlemlein vnd mit engeln gemalt. 1453.

Item ein Rot gemofirt tebich mit golde gehort auff pulpitum auff alter mit seybein frensen. 1453.

Item ein graben vnd swartzen gemofirten gewurckten tebich für altar. 1453.

Item ein gemosirt tebich vber den sitzstul. 1453.

Item ein swartz wullein tuch vnter die fuß zu dem köstenlichen meßgewant. 1454.

Item Mertein beheim hat geben dem gotzhaus ein gewurckts altartuch mit peheim vnd schopper schilten, die sammat leisten mit gesrenns zalt die kirchen. 1465.

Item ein lange Swartze vnd Rote Sammat leysten mit seybein frensen, mit kupferein vergulten fürspangen, ein gros seybein tuch, prawn vnd plab mit gulbein stern, ein swartz schettertuch mit gulbein engeln, vnd ettweuil seybein tücher, das alles nüczt man zu dem grab am karfreitag.

Item ein Rot Sammat Partuch mit einem grünn sammat kreutz, das nüczt man, wenn man die fürspenger begeet oder wenn man annder Jartag Jn dem gotzhaus begeet.

Item 2 gewürckte pulpat tucher mit gewulken mit der Imhoff schillt.

Item ein gewurckt fürhenglein für daz tischlein, darauff man am Suntag pettelt.

Item ein gewurckt tüchlein, das man den fürsten vnter= legt, wenn sie meß horen.

Item ein grossen gewurckten tebich mit vnnser frauen pild vnd ettlicher Junckfrawen pild, den gab an das gotzhaus die Peter Hallerin.

Item zwen gut gewürckt tebich mit vnnser frauen leben, die man zu den heiligen tagen Jn den kor henckt; die hat geben an das gotzhaus die Berchtolt Deichslerin.

Item ein clein gewürckt tuch für vnnser frauen pild.

Item ein gut gewürckt tuch für vnnser frauen pild mit schürstab vnd deichsler schillt.

Item zwei gewürckte fürhenglein Neben Sant anthony altar mit des storren schilt.

Item siben par fannen.

Item ein groſſen herein tebich für vnnſer frauen altar.

Item ein plab ſcheiterein tuch mit ſilber auffgebruckt, zu dem heiligthum ſtull.

Item ein gemalt hunger tuch.

Item ettweuill gemalte tücher für die altar In der vaſten.

Item ein ſeybein himelein mit ſeinem zugehoren auff den alltar zu dem ſacrament an vnnſers herren leichnamstag.

Item ein plobs himelein von ſchetter mit gulbein ſternen vber den ſacrament kallter.

Item ein guten Newen himell, ben man an vnnſers herren leichnamstag mit der proceß ob dem Sacrament tregt.

Item zwen New fannen gut koſtenlich, mit allen ſachen 68 gulbein.

Item ein Newe ſehn hauben, die der Probſt alle ſehr= abent vnb ſeyrtag Im winter aufftregt.

Item ein grent (ſic) Roten himel mit einer Feronica, gehort am karfreitag über daz grab. 1453.

Item ein Rot ſeybein küß, was bez herren von Haideck paner Im krieg *), mit einer gulbein crone. 1453.

Item ein gewurckt pancklach mit Abam vnb Eua.

Item 6 ſeybein fannen zu ben breyen alltar.

Item ettweuil zynein, meſſein vnb kupfferein Leuchter.

Item zwen gros meſſein leuchter auff vnnſer frauen alltar In bem kor, hat Jeronimus Kress abler baran machen laſſen.

### Hölzerne Tafeln und Bilder.

Item zwo hultzein taffeln, borjnn vil wirbigs heiltums iſt, die man an heiligen tagen auff bie clein alltar ſeczt.

---

*) Conrab, Herr zu Haideck, ſtanb in bem Kriege, ben Markgraf Albrecht von Branbenburg in ben Jahren 1449 unb 1450 gegen Nürnberg führte, auf Seite bieſer Reichsſtabt.

Item ein hulczein kelterlein mit zweyen flügeln, die man zu thut; dorjnn ist ein geschnyten crucifix vnd ein maria pild vnd sant Johanns pild von Perlein vnd vntzgolt gestickt, mit ebner schilt. Das hat albrecht ebner selig an das gotzhaus geben, das man daz alle Jar den antlas tag, karfreitag, den osterabent vnd die vier osterfeirtag auff vnnser frauen altar setzen sol, got vnd vnnser frauen zu lob vnd eren.

Item vier hultzein monstrancz, da vill heiligthumm Innen ist.

Item vier hultzein prustpild, die man auff die heiltum tafeln seczt.

Item Sant Barbara Prustpild vnd ein kupferein vergult kelchlein.

Item zwelff hultzein engel, clein vnd gros.

Item ein hultzein vrstend.

Item ettwenil cleiner hulczein pild vnd tafeln vnd kindlein, die man nuczt zu der petel tafeln zu heiligen zeitten, als sich dann gepürt.

Item ein englischen grus Jn einem geheuß ob der zwelfpoten alltar.

Item ein vergullt pettel tesselein, 2 vergulte schemelein auff die altar, vier hultzein lang gewunden kertzen, acht püttel steb vergult vnd mit silber, ein vergults stöcklein zum heiligthumm zu Sant Katherina.

Item ein tafeln am orilogium, als man vnnsern herrn vom creutz hat genommen, hat mertein Holtzschuher geben.

Item ein crucifix, das man tregt am karfreitag, hangt ob Sant Barbara altar.

Item vnnsern Herren auf dem esell, den man nuczt am palmtag.

#### 4. St. Clara-Kirche.

Das Claraklofter stand ursprünglich außerhalb der Stadtmauern Nürnbergs. Erst später wurde es bei der Erweiterung der Stadt in dieselbe aufgenommen. In alten Zeiten diente es einigen Schwestern, die unter der Regel St. Augustins lebten und sich von St. Magdalena oder Reuerinnen nannten, zum Aufenthalte und Versammlungsorte. Die Entstehung der Kirche fällt in das Jahr 1274. Im August dieses Jahres weihte Bischof Berthold von Bamberg den Chor und einen Altar derselben. Im Jahre 1278 nahmen die Schwestern den Orden der hl. Clara an. Der Bau der Kirche, des Kirchhofes und des Klosterhofes nebst den Kreuzgängen vollendete sich aber erst im Jahre 1339.

In der Fronleichnams-Oktave dieses Jahres wurden die Kirche, die genannten Höfe und Kreuzgänge, sowie ein Altar der Kirche von dem General-Vikar des Bischofs zu Bamberg zu Ehren St. Claren und Elisabethen geweiht.

Im Jahre 1428 wurde mit der Kirche ein Umbau vorgenommen. Man versetzte die Altäre, brach das Zimmer und Dach nebst dem Chore der Schwestern ab, erhöhte die Kirchenmauern und erweiterte die Fenster und Thüren. Auch baute man innerhalb des Klosters eine neue Kapelle an die Kirche an. In demselben Jahre weihte Bischof Friedrich (Aufseß) von Bamberg den Altar der Kapelle, den Altar St. Magdalenens, der linker Hand stand, und den obern und untern Chor der Kirche. Der Bau der Kapelle oder Sacriftei wurde im Jahre 1434 vollendet und diese in demselben Jahre noch geweiht.

#### 5. St. Jakobs-Kirche und St. Elisabethen-Kirche.

Die St. Jakobskirche erscheint urkundlich schon im Jahre 1212, in welchem sie von Kaiser Otto dem Deutsch-

ordens=Spital zu Nürnberg geschenkt wurde. Kaiser Friedrich II.
erneuerte am 18. August 1216 diese Schenkung.

Die Deutschordens=Kapelle (Elisabethen=Kapelle) wird im
Jahre 1249 erwähnt, indem Papst Innocenz IV. den Ordens=
brüdern erlaubte, zur Zeit eines Interdikts den Gottesdienst
in ihrer eigenen Kapelle zu halten.

### 6. Die Kirchenschätze Nürnbergs.

Die Kirchen Nürnbergs besaßen, wie die noch vorhan=
denen Inventare ausweisen, in der Zeit vor der Reformation
große Schätze an goldenen und silbernen Kleinoden, Gefäßen,
Meßgewändern, Ornaten, Bildern, Tüchern und Teppichen,
die auch in kunstgeschichtlicher Beziehung von hohem Werthe
waren. Nach dem Eintritt der Reformation wurde Vieles
davon verkauft oder eingeschmolzen. Das geschah noch mehrmal
im Laufe des XVI. Jahrhunderts, besonders im Jahre 1552,
wo der größte Theil der silbernen und goldenen Kleinode der
Kirchen zu St. Sebald, St. Lorenz und zu U. L. Frauen
eingeschmolzen und verkauft wurde.

Am 22. und 24. September dieses Jahres wurden
durch die verordneten Herren des Almosens aus den Kirchen
Sebaldi, Lorenzi und U. L. Frauen die silbernen und gol=
benen Kleinode, mit wenigen Ausnahmen, weggenommen, auf
das Rathhaus und von da in Sebastian Welsers Haus
gebracht, sodann von einem Goldscheider gekörnt, geschieden
und geschmolzen und darnach verkauft.

| | Mark | Lth. | Qut. | Pf. |
|---|---|---|---|---|
| Aus St. Sebalds=Kirche nahm man an vergoldetem und unvergoldetem Silber . . . . . . . . . | 498 | 2 | — | — |
| Aus St. Lorenzen=Kirche . . . . | 808 | 2 | 2 | — |
| Aus U. L. Frauen=Kirche . . . . | 395 | — | — | 1 |
| Summa | 1701 | 4 | 2 | 1 |

An Geld wurde aus den eingeschmolzenen Kleinoden
gelöst:

1) für Silber . . . . . 13666 fl. 14 Pfd. 6 dl.
2) für Gold . . . . . 2177 „ 10 „ 8 „

Summa 15844 „ 5 „ 2 „

Was der Bilbersturm des Jahres 1552 verschont hatte,
wurde, um dem total zerrütteten Finanzwesen der Reichsstadt
etwas auf die Beine zu helfen, im Jahre 1798 aus den
Kirchen genommen, eingeschmolzen und verkauft. Es fanden
sich darunter noch manche kunstreich gearbeitete Kelche, Bilder,
Heiligenfiguren, und namentlich reich gestickte Meßgewänder 2c.

Im Jahre 1610 schmolz man auch die schöne silberne
und vergoldete Monstranze ein, die mit vielen kleinen Figuren
und mit außerordentlicher Kunst gearbeitet war und bisher
im Katharinakloster aufbewahrt wurde. Auch alle übrige
Kirchenzier von Silber und Gold, die man allda noch fand,
wurde eingeschmolzen.

# Beilage I.

1532.

2. Oktober.

Nürnberg an Straßburg wegen des Nachdrucks
der Dürer'schen Schriften.

Besonndern lieben vnd guten freunde, Albrecht Thürer,
vnnser verstorbner Burger, hat alß ein weytberümbter künnst-
ner etliche püecher auß der kunst der perspectiue, durch Jne
gemacht vnd erfunden, bey seinem leben Jm druck außgeen
laffen, beßhalb Jne auch die Römisch kayserlich Maiestat
vnnser allergnedigster herr mit statlichen vnd hochverpenten
privilegien vnd freyhaiten versehen hat, das Jme solliche sein
selbs erfunbene püecher vnd künsten Jn zehen Jaren nit
nachgedruckt, oder Jm Reich fayl gehabt werden sollen. Nun
bericht vnns aber yetzo desselben vnnsers Burgers des Thürers
nachgelaßene wittib, das vngeacht sollicher Jrs Manns
habenden freyhait etliche aigennützige personen ains tayls derselben püecher Jn das Latein pringen, Jn Franncfreich nachdrucken laffen, vnd den Puchfuerern allenthalben verkaufft
haben, die in ewer Weißheit stat vnd annbern ortten Jm
heyligen Reich offennlich fayl zu haben, das Jr zu hohem

nachtayl rayche, Mit bitlichem erſuchen, Jr Jn ſollichen zu erhalltung vnd hannbthabung Jres priuilegiums gepürliche hilff vnd fürderung mitzutailen. Diewehl nun ſollich für=nemen nit allein biſer der Thürerin kahſerlichen Frehhait (dere Original wir geſehen haben) gantz entgegen, Auch der Thürerin hoch nachtahlig, Sonnder auch Jn allweg beſchwerlich vnd vnpillich iſt, das Jnen annbere, die ſolliche künnſſten auß Jrer ſchicklichkait weder gefunden ober ainich mühe, arbait, flehß vnd cofſten barunbter erlitten haben, mit der rechten anfenncklichen werckmaiſter vnd künnſſtner ſchaden nutz machen ſollen, So iſt an euer fürſüchtigkait vnnſer bienſtlich vnnd freuntlich bitt, bie wöllen bey Jren Burgern Buchfuerern vnnb Druckern verfuegen, biſe bes Thürers nachgebruckte puecher Jn euer Stat ober annbern ortten Jm hehligen Reich nit fahl zu haben ober annbern zuuerkauffen, bamit vnnſer Burgerin die Thürerin nit vrſach hab, zu hanbthabung Jrer Frehhait umb die barhnnen ver=leibten peen gegen ben verprechern zu hannbeln vnb Euer Weisheit beßhalben vmb hilff vnd Execution anzuſuchen. Das wöllen wir vmb Euer Weisheit gantz willig vnd freuntlich verbienen. Datum mitwochs 2 Octobris 1532.

In berſelben Weiſe wurbe gleichlautenb auch an Frankfurt, Leipzig, Augsburg und Anntborff (Antwerpen) geſchrieben.

# Beilage II.

## Rathsdekret vom 23. Auguſt 1627.

Auf das münbtlich fürbringen, das herrn Auguſtin Hemleins, Churfürſtlichen Bairiſchen Abgeſandten, werbung

allein dahin gangen, daß Ihre Churfürstliche Durchlaucht
nochmals gnebigst begern, Ihre Durchlaucht Albrecht Dürers
zwo Tafeln, darauff die vier Complexiones des menschen
vnder dem bildnus viere Aposteln gemahlet, folgen zu laffen,
vnd zwar originaliter, weiln Ihrer Churfürstlichen Durch=
laucht mit einer Copia gantz nicht gedienet, vnd wurden
zwar dieselbe in der Person meine herrn darumb ersucht
haben, wan der angestelte de, deputation tag alhie seinen fortgang
erraicht hette, wan aber solcher tag nunmehr nach Mülhausen
verlegt, vnd Ihre Churfürstliche Durchlaucht bey Jetzigem
Ihrem schweren Regiment vnd hohem alter kain grösser ergetz=
ligkeit dan In den gemählen hetten, zu beeden solchen Tafeln
aber eine sonderliche affection trügen, alß thett dieselbige
einer gewürigen resolution vmb soviel mehr sich getrösten,
weiln Sie dieser Statt Je vnd alle Zeit gnebigst wol affec-
tionirt gewesen, vnd dieselbe bey Jetzigem zustandt des
Reichs sowoln gegen der Keyserlichen Majestät alß auch
Chur= vnd Fürsten zum besten recommendirt, vnd sonsten
In viel andere weg derselben bürgerschafft vnd angehörigen
allen gnebigsten fauor vnd beförderung erweisen laffen, vnd
wurden gewißlich Ihr Churfürstliche Durchlaucht ein solches
noch mehr thun, wan deroselben In diesen begern willfahret
würde, Im widrigen fall aber die vngnad desto grösser sein,
vnd Sie es für einen sondern hohen despect auffnemen, wie
dann eben Ihr Churfürstliche Durchlaucht dem Abgesandten
befelch geben, solch begern bey den herrn Eltern anzubringen,
weiln dieselbe alberait In sorgen gestanden, es möchte bey
einem gantzen Raht etwas schwer daher gehen — Bey wel=
chem anbringen die herrn Eltern erwegen, das In diesem
fall das thun vnd laffen gegen einem solchen herrn bedencklich,
weiln diese zwo tafeln ein solches stuck sein, welches der
weitberühmbte Mahler Albrecht Dürer alß ein hiesig angeborn
burgers kindt seinem vatterlandt zu einem ewigen angedencken

hinberlaſſen, darüber ein Erbar Raht nur Administratores
ſein, vnb der posteritet nichts vergeben ober verſchencken
ſollen noch können, zu deme es anfangs, alß Jhre Chur=
fürſtliche Durchlaucht ſolche ſtuck geſehen, kain andere mai=
nung gehabt, ban bas berſelbigen mit einer Copia wilfahret
werben ſolle, vnb habe man zu bebencken, bas allberait viel
ſchöner ſtück nach vnb nach von bieſer Statt außgebettelt
worben, vnb wurbe enblich ein ſolche Conſequenz brauß wer=
ben, wan ein ſolcher herr etwas, ſo Jhme gefällig, begeren
wurbe, bas man es bloß vnber bem ſchein ber beſorgenben
vngnabt wurbe thun müſſen, ba man boch vielmals erfahren,
bas hernacher bie gnab vnb vngnabt eben wie zuuor geweſen,
vnb man bißfals keine rechnung zu machen, wan bey ben
Catholiſchen etwas wiber bieſe Statt geſchloſſen worben ober
noch werben ſolte, bas es Jhre Churfürſtliche Durchlaucht
bieſer verehrten Tafeln halber abwenben wurben, hingegen
ſey gleichwoln nicht ohne, vnb müſſe man bekennen, bas
bieſe Statt vnb bero burgerſchafft, ſowoln ber zufuhr ber
victualien, alß auch ber Privathanbelsſchafft in bas Land zu
Bairn vnb obere Pfaltz, fürnemlich auch ber allgemeinen
commercien, bie baburch Jn bas welſchlanbt gehen, groſſe
commobiteten zu gewarten habe, wie bann auch wißlich,
was ſchaben allberait ber Statt Regenſpurg burch bie Bai=
riſche auffſchläg zugezogen worben, Es möchte aber Jhrer
Churfürſtlichen Durchlaucht beſto mehr zu willfahren ſein,
wan man etwan eine anbere special gnab bargegen erlangen
ober es ſo weit bringen könndte, bas nach bero ſeeligem
ableiben ſolche Tafeln wiberumb zu hieſiger Statt gelifert
werben ſolten — Jſt befohlen, bem Abgeſanbten, welcher
vmb resolution gantz Jnſtenbig anhelt, nochmals angezogene
motiven fürzubringen, warumb meinen herrn ſchwer falle,
ſolche ſtuck von gemainer ſtatt hinweg zu laſſen, ſonberlich
aber biß zu gemütt zu führen, weiln einem gantzen Erbarn

Raht wol mißlich, daß biese stück vorhanben, vnb was es für eine gelegenheit bes authors wegen bamit habe, so wolle ben herrn Eltern nicht gebüren, ohne besselben gesambtes vorwissen sich in etwas zu erklären, Stehe bemnach zu bes gesanbten fernern begern, ob bie sach bey gemainem Raht fürzulegen, alba es gleichwol mißlich sein möchte, ob bie willfährigkeit zu erlangen ꝛc., vnb barüber seine mainung zuuernemen, Sich auch gegen benselben so weit herauß zu lassen, wan er solches begern bey Jhrer Churfürstlichen Durchlaucht mit glimpff abzulainen wüste, baß es meine herrn an einer ansehenlichen Verehrung gegen seiner Person nicht erwinben lassen wurben — Vnterbessen aber herrn D. Oelhafens Sen. bebencken auch einzunemen, waß meinen herrn zu thun ober zu lassen sein werbe. **Actum 23 Augusti ao. 1627.**

herr H. Chr. Tucher.

---

# Beilage III.

## 1504.

### 2. Januar.

Der Rath zu Nürnberg an Herman und Theodorus bie Reitesel, Gebrüber, Erbmarschalle zu Hessen, wegen Veiten Stoß unb bessen Schwiegersohns Jorigen Trumers, eines Irhers=Sohnes aus Nürnberg.

Erbern vnb vesten, Wie ir vnns von wegen ewrs verwanbten Jörigen Trumers geschrieben, haben wir mit Jnnligenber Suplicacion besselben Trummers vnb ewrm

begern vernomen, Solhs auch vnnſerm burger Jacoben Baner,
den es zum tail berürt, thun fürhalten vnd anntwurt laut
Innliegender zettel von Im empfangen. Dieweil nw die
ſach oder Irrung zwiſchen Jacoben Baner vnd Veyt Stoſſen
an vnnſerm Statgericht rechthenngig vnd auch darjnnen recht=
ſatz geſchehen iſt, hapt ir zu achten, das vnns nicht will
gezimen, Jacoben Baner vber ſein rechtlichs erpieten weytter
anzehalten. So iſt Veyt Stoß vor zukunfft ewer ſchrifft
auß fängknus gelaſſen, vnd die ſach ſeindthalben dermaſſen
geſtallt, das er In hangender ſachen zwiſchen Baner vnd
Ime villeicht In bedacht ſeins geübten falſch vnd mißhannd=
lung, dauon wir zum ſelben mal kain wiſſen haben gehapt,
in ain Cloſter iſt gewichen vnnſernhalben vnd darfür wirs
halten ſunſt allermeinigclichs vnbebranngt, achtens auch nit
darfür, das er von ymandt barauß ſey geteidingt, Sonnder
iſt wol zu glauben, Nachdem er ſich, als wir bericht ſind,
mit ſeinem widertail dem Baner der gerichtscoſtenhalben vnd
auch bas es bey der vrtail, die an vnnſerm Statgericht
wirdet ergeen, vngewaigert pleiben ſoll, vertragen vnd ſolchs
vertrags an Jacoben Baner mit vleiß begert hat, das er
ſich auß freyem willen widerumb auß dem cloſter hab bege=
ben, vnnd villeicht gemaint, der ſachen ſollt ſeinerhalben
damit gnug getan vnd er derhalben ſicher ſein, Aber vnns
hat auß oberkayt, wie ir ſelbs hapt zu ermeſſen, gepürt mit
ſtraff in dieſelben ding zu ſehen, dann Stoß hat auß ſein
ſelbs liſtigkayt vnd betrieglichen fürnemen ainen falſchen
brief vmb zwelffhundert vnd etlich gulden, die im Baner
ſchuldig ſein ſolt, mit ſeiner hannd geſchriben, des Baners
hanndtſchrifft ettwas gemeß, vnnd barzu des Baners Secret
oder petſchafft an ainem annndern brief abgedruckt vnd mit
Subtilen künſten zugericht denſelben falſchen brief damit ver=
ſigelt, vnd offennlich wider Banern In vnd auſſerhalben
rechtens in ſchein als ſolt ſolcher Brief Baners hanndtſchrifft

vnb petſchaſſt ſeyn, gepraucht, wie er das nachuolgenb on
ainiche peinliche marter hat bekanndt, zu bem bas berſelbig
brieſ noch vor augen vnb bie pöß mißhanblung offenbar iſt.
Deßhalben haben wir Jne zu vnnſer ſangknuß nemen vnb
auff merclich fürpethe vnb zu groſſen gnaben vmb ſolhen
falſch bannoch an ſeinem leib offennlich ſtraffen laſſen, wiewol er ſein leib vnb leben hett verwürckt; barumb wollen
wir vnns ber pillichait nach zu euch verſehen, Jr werbent
biſer ſachenhalb nyemanb bemühen, noch gegen vnns ober
ben vnnſern Jn vngut Jchtzit gebenncken noch fürnemen,
ſehens auch barſür nicht von nöten, Sonnber biſer vnnſer
anntwurt gütlich geſettigt ſein. Wo bann Trumer ober ymanb
von ſeinen wegen vnnſern burger Jacoben Baner anordnung
vermaint nicht zu erlaſſen, bem ſein wir auff ſein geſynnen
gepürlichs vnb fürberlichs rechtens gegen Jme zugeſtatten vnb
zuuerhelffen vnb euch binſtlich gefallen zu beweiſen willig.
Datum am eritag nach bem hailigen Jars tag Anno &
quarto.

---

## Beilage IV.

### Extracte

aus ber Rechnung Peter Harsborfers, Kirchenmeiſters zu
U. L. Frauen vom Jahre 1506 bis 1509.

Jn Einem Erbern Ratt iſt verlaſſenn, vnb beſolhenn,
bas allt orlein, Jnn vnnſer lieben frawen kirchen ſtinbt, abzu-
prechen, vnb eine newe ſchlagenbtt Ore mitt ſeiner zugehörung, mit einem kayſer vnb ben kurfürſten zu machen, wie
bann vor an ber allten er bas auch geweſt iſt, vnb Jren

7.

ganck gehabt habenn, Oben In das zine tach auff Sanbtt Michells kar am Marck, allba schlagen, zaigenn, vnd die kurfürsten Iren gangk haben sollen; geschehen am Mittwoch nach Sanbtt Walburgen tag am 6 tag Mey Im 1506. Jar.

Herr Vlman stromer, vnser lieben frawen kirchen pfleger, vnd Petter Harstorffer, kirchenmeister, haben gepetten Michel Pehaym, N. schlüsselder, meister Hans Pehaym, Meister Jorg stabelman, Einß Erbern Rats Pawmeister vnd werckleutt, vnd Sebollt schreier, Meister Petter Viescher, Rottschmidtt, Meister Sebastian Linthenast, meister abem Steinmetz, meister Jorg schloser, haben Berattschlagtt, wie man solchen paw vnd werck fürnemen sollt, geschah am tag Erasimus der trittag Junhus 1506 Jar; gab In zu esen vnd trincken, costett 1 Pfd. 2 bl.

### 1506.
Was Ich vmb stain zum Paw geben

&c. &c. &c. &c.

Macht das Ich vmb stain geben fl. 39. Pfd. 0. bl. 2.

### 1506 u. 1507.
Meister Abem stainmetz hatt mitt zwayen gesellen angefangen zw vnser lieben frawen paw stain zu hauen am eritag nach matheus der 22 tag September 1506 Jar.

(Folgen die Ausgaben von Woche zu Woche für den Meister und seine Gesellen.)

### 1508.
&c. &c. &c. &c.

Meister abem sagtt, das noch zu machen wer, das kontten die gesellen nitt, Er woltß Selbs machen, kontt er nitt schwachheitt halben thon.

Von samstag nach Matheis 25 tag februartz pies auff mantag nach ambrosy 10 aprillis keinen gesellen nitt gehabtt, vnb an bem tag wieder mit 3 geselln angefangen.

2c.    2c.    2c.    2c.

Meister abem stainmetzs hatt angefangen bie stain, so mit ben vorgeschriben taglon gehauen sindtt, auf Sandtt Michells kar zu setzen, am mantag nach Sanbt vrbans tag ber 29 tag Metz.

2c.    2c.    2c.    2c.

Item Freitag vor egibj 31 augustus 2 gesellen 10 tag zu 36 bl., pabgelt 6 bl. . . . fl. 1. Pfb. 3. bl. 24. Also hett ber Paw mit Meister abem vnb sein gesellen Ein Endtt. Summa alle taglon, bie Ich Meister Mertz vnb stainmetzsgesellen von stainen vnb setzen bezallt hab, Sindtt 1029, hab Ich basür zallt mit pabgellt fl. 125 Pfb. 5 bl. 10.

Item von Siben Planetten vnb treien pilden vnb ettlich thir alls zum Paw gehörig, bauon zu hauen fl. 20 Pfb. 1 bl. 18.

2c.    2c.    2c.    2c.

Item vmb 2 eysna stangen vnter ben grosen stain, ber ob bem kaiser stett, wugen 2 Centner 33 Pfb., für bas pfunbt 5½ bl. . . . . . . . fl. 5 Pfb. 0. bl. 0. Item vmb 4 Zentner 75 Pfb. pleis zum vergisen, wo man eisen vnb clamern In bie stain legt fl. 10. Pfb. 4. bl. 6.

2c.    2c.    2c.    2c.

Item zwayen taglouern, bie Im Rab gingen, ba man stain hin auff zug, zallt In 58 tag zu 22 bl. macht mit pabgellt . . . . . . . . . fl. 2. Pfb. 1. bl. 6.

Nach bem vnb meister abem biesz gepew von stainberg meister vnb angeber gewest vnb gemacht, wie bie, so vorn

pehm Ratschlag geweft, von Jn gerattschlagtt ist, vnd Jm
wie beim taglon geben, ist durch meister Hans Pehaym,
stainmetzs, Meister Jorgen stabelman, Eins erbern Rats
stattwerckleutt, vnd meister Petter Bischer, Rotschmidtt,
Meister Sewastian Lintenast, mit verwilligen Her Vlman
stromerß des Pflegers vnd mein Petter Harstorffer, kirchen=
meister, gesprochen, Jm zu schencken auff das, So er vor
Entpfangen hat, 56 fl. vnd seiner hausfrawen 4 fl., thutt
fl. 60. Pfd. 0. bl. 0.
Zallt Jnn am tag Mathes der 21 tag Septemer 1508 Jar.

Also hab Jch aufgeben, wie vorn nach ein ander stett,
Rattschlagen, vmb stain, Staine pillden, taglon Meister
Mertzs vnd stainmetzsgesellen, taglonern, vnd meister abem
geschenkt ist, was Jch sunst darzu kaufft hab vnd außgeben,
macht alls Jn Einer Suma . . fl. 279. Pfd. 5. bl. 2.

## Was ich vmb Holltzwerck geben hab:

2c.    2c.    2c.    2c.

Meister Jorg stabelman hatt mit dem gerüft angefangen
vnd anderm zimer, am eritag nach vnser lieben frawen
tag kündung 27 tag Martzi 1508 Jar.

2c.    2c.    2c.    2c.

Item am Mitwoch vor aftern der 11 tag aprill 7 ge=
selln 19 tag zu 32 bl. . . . . . fl. 2. Pfd. 3. bl. 14.
Von diesem tag keinen zimmerman gehabtt pis auff 8 mey,
wieder mitt 5 gesellen angefangen.

2c.    2c.    2c.    2c.

Mit diesen 92 taglon zu 36 bl. vnd dem pabgellt hatt
man das gerüfft am Marck zum Paw auff gemachtt, cost
fl. 13. Pfd. 4. bl. 1.

## 1508.

Am Samstag nach Bonifatj der 10 tag Junyus ange=
fangen zu der fchliefung des holtzwerck auff Sandtt michels
tor ꝛc. ꝛc.

ꝛc.　　ꝛc.　　ꝛc.　　ꝛc.

Wieder angefangen die zwen fchnecken vnd Ingepew zu
machen vnd zu fetzen ꝛc.

ꝛc.　　ꝛc.　　ꝛc.　　ꝛc.

Sindtt aller taglon, die ich den zimerleutten zu dem
Paw bezalltt hab 401, hab Jn dafür zalltt mit dem pabgelltt
fl. 51. Pfd. 2. dl. 20.
Allfo hab ich aufgeben wie vornftet vmb holtzfwerck
fl. 32. Pfd. 3. dl. 22.
Hab Jch den zimerleutten zallt die taglon vnd pab=
gelltt, wie vor ftet . . . . . fl. 51. Pfd. 2. dl. 20.
Mitt Ratt Meifter Haufen Peheym hab ich meifter
Jorgen ftabelmann, der werckmaifter vnd angeber am gerüft
vnd was von Holtzwerck vnd anderm gemacht ift, geweft,
Jm gefchenckt . . . . . . . fl. 4. Pfd. 0. dl. 0.
Dem Zimergefell, der vom gerüft am auffmachen fill,
das artztlon bezalltt . . . . . fl. 2. Pfd. 1. dl. 0.
Hab Jch vm negell zum Paw geben fl. 2. Pfd. 4. dl. 21.
Allfo Coft der Paw allein von Holtzwerck, wie oben
nach einander Stett . . . . . fl. 92. Pfd. 3. dl. 21.

## 1508.

Was Jch meifter Jorgen keffer vmb kupfer zum Paw gieb:

Jtem vmb 22 Zentner 82 Pfd. düner Plech, die Mei=
fter Sebaftian lintenaft auff Sandtt michells torllein vnd
auff gangl ob dem Portall vnd zway neben Dechlein gedeckt

hatt, für ein Zentner 7 fl. vnd 3 ortt, macht fl. 176. Pfd. 6. dl. 20.

Item vmb kupfferein Poden vntter den kahser vnd die kurfürsten, darauff sie vmb gien, wug 77½ Pfd., zalt Im für 65 Pfd. . . . . . . . . . fl. 5. Pfd. 0. dl. 0.

Item vmb zwu kupfrein lattern, damit die zinen Pfeiffen vnd thrumettn bedecken vnd darumb vmb gien, wugen 14 Pfd., das Pfund vmb 19½ dl., macht

fl. 2. Pfd. 5. dl. 10.

Item Seinen knechten von Jn allen zu thringellt
fl. 0. Pfd. 3. dl. 0.

Suma fl. 184. Pfd. 6. dl. 18.


## 1509.

Was Jch Meister Sebastian Linttenast zalt hab, das er zu biesem Paw vnd werck gemacht hab.

Sebolltt schreier, Meister Hans Pehehm, Meister Jorg stabelman, vnd meister Peter Vischer, Ratschmhbtt, haben gesprochen zwischen Her Vlman stromer, pfleger, vnd mir Petter Harstorffer vnd Sebastian lintenast vmb das, so er zu dem werck gemacht hett, das Jch Jm geben sollt, wie hernach stett:

Item für den grosen kahser, der da wug an kupfer 35 Pfd., für kupfer, machlon, silbern vnd vergulben Jm sewr . . . . . . . . . . fl. 70. Pfd. 0. dl. 0.

Item für die Siben kurfürsten, wegen an kupffer 86 Pfd., dafür vnd machlon . . fl. 35. Pfd. 0. dl. 0.

Item für die zwen groß thrumetter, wegen an kupfer mit 2 kattell 60 Pfd. . . . . . fl. 14. Pfd. 0. dl. 0.

Item die 2 clain thrumetter, 2 thürhütterlein, 2 schlag=
mener, 2 pruſtpillb, wegen an kupfer 58 Pfd.

fl. 36. Pfd. 0. dl. 0.

Suma fl. 155. Pfd. 0. dl. 0.

Item für den Monſchein, wigtt an kupfer 28 Pfd.,
iſt in fewr vergullt . . . . . fl. 20. Pfd. 0. dl. 0.

Item für das Wernerllein, das vor den kurfürſten gett
vnd herauſen am Marck vorn kaiſer ſtett, wigtt an kupfer
8 Pfd., iſt Im fewr verſilbertt vnd vergullt

fl. 12. Pfd. 0. dl. 0.

Item für den Saiger vnd die wantt vnd poben, daran
vnd darauff der Saiger Beſchloſen vnd gemacht iſt, wigtt an
kupfer 122 Pfd., iſt der Saiger vnd zaiger, puſchtab, die
Sun vmb ſaigerlaiſten geringß herumb, allß Im fewr ver=
gullt dafür . . . . . . . . fl. 110. Pfd. 0. dl. 0.

Item für ein clein ſaiger Inwendingß, dar an man
ſicht, wie der ſaiger auſwendig zaigtt, wigtt an kupffer
11 Pfd. . . . . . . . . . . fl. 1. Pfd. 0. dl. 0.

Item die wantt am kaiſer vnd die zwu thür, da durch
die kurfürſten gin, wegen an kupfer 73 Pfd., vnd der ſtull,
darauff der kaiſer ſitztt, mitt den Nebenleiſten vnd kellenn,
wegen 57 Pfd., für das Pedß gerechet fl. 30. Pfd. 0. dl. 0.

Suma fl. 173. Pfd. 0. dl. 0.

Item für das kartell vntter dem kaiſer, darauff die
kurfürſten herauß vmb den kaiſer Gien, vntten daran Ein
kaiſerlicher Schillt, ſchrieſſt mit Puchſtaben vnd die Jarzall;
der ſchillt, ſchrieſſt vnd die Jarzall Im fewr vergullt, wigtt
allß an kupfer 48 Pfd. . . . . . fl. 35. Pfd. 0. dl. 0.

Item für den Symß ober dem Saiger kartell ob dem
man, wigtt 9 Pfd., nichtß.

Item den ſtainen Planetten, trey vergullt kron, Siben ſtern, alls Im ſeir uergullt, vnd Jr zaichen gemacht

ſl. 4. Pfb. 0. bl. 0.

Item Ein kupfrein Poben, den man Ju den vorigen Poben vntter den kaiſer vnd die kurfürſten ſetztt Im winter, das der Wintt nitt den ſchne hinein wett, wigt an kupffer 33 Pfb., das pfunt für 25 bl. . . ſl. 3. Pfb. 2. bl. 9.

Item von den 22 Zentner 82 Pfb. kupfer auff Sandt Mychels kor vnd gang zu becken . ſl. 45. Pfb. 0. bl. 0.

Item vmb kupfren Regell zum Dach, der waren 1100

ſl. 1. Pfb. 0. bl. 8.

Item der frawen geſchenck 2 ſl., ſeinem knecht 1 ſl.

ſl. 3. Pfb. 0. bl. 0.

Suma ſl. 91. Pfb. 2. bl. 17.

Alſo hab Jch aufgeben, wie nach ein ander ſtett, Se= baſtian Lintenaſt Vmb kupfer, machlon, Silbern vnd ver= gulben Im ſewr, wie dann die Spruchmenern geſprochen haben . . . . . . . . . ſl. 419. Pfb. 2. bl. 17.

### 1509.

Was Jch meiſter Jorgen Heuſenn, Schloſſer, zallt hab, das er zu dieſem paw gemachtt hatt.

Michell Peheym, Pawmeiſter, Sebollt ſchreyer, meiſter Hans Pehaym, vnd meiſter Jorg Stabelman haben geſpro= chen, daß Her Jeranymus Ebner der pfleger, der mir ſeinenn gewallt gab, vnd mir Petter Harſtorffer alls kirchenmeiſter, das wir meiſter Jorgen Heuſen, ſchloſer, zallen Sollten, wie hernach ſollgtt:

Item für 2 Clamern, 2 hacken, glen vmb den ſchne= cken, ſtrebſtangen Im gewelb, an ſchafft, Ringk vmb gewelb, thür zu hahen Schlos, ſchlüſell . . ſl. 6. Pfb. 0. bl. 0.

Item 9 Rigell panbtt langk an der schliesung vnd zich=keill an ben aichen holtzernn zu zaumschliesung des gewelbs auff Sanbtt Michells kor . . . fl. 14. Pfd. 0. bl. 0.

Item 8 stangen In die stainen planettenn, 2 geswaist Ror In 9 schuch langk zu ben zwayen schlag Menernn
fl. 10. Pfd. 0. bl. 0.

Item 2 Crentzs In ben grundtschain des Thürnleins, darein 4 stanben, verfast, die schlag glocken gehangen, die mag man vmb keren, auch Sanbtt Michells glocklein auch barein gehangen, darzwischen laittstangen auff Dach herab an Sparn verfast, zway grose eisen hinterm Inthurm verpunten, zwen lang Regell dafür, gett Ins Holltzs, In giebell ein eisna stangen burch ben tabernackell hintern schafft mit eisen gefast, ben mag man wol außhebenn fl. 15. Pfd. 0. bl. 0.

Summa fl. 45. Pfd. 0. bl. 0.

Item 29. clamern, 2 Eisen ob bem Monschein, ein grosen Nagell barburch, ber das gantzs thürmlein hellt, vnb anzeuchtt . . . . . . . . fl. 6. Pfd. 0. bl. 0.

Item Ein gros eisna kreutzs, 2 Ranfft baran geschlo=sen, 4 keillnegell baburch, bie aufen am Ranff vnb burch ben stain vnb Inern gesper hinter bem zaiger anzeuchtt, mit 4 hacken . . . . . . . . . fl. 18. Pfd. 0. bl. 0.

Item 56 klamern zum Dach, 2 Eisna Remlein vnb bas euser taill, barein man bie Remlein hechtt *) vnb Ine zuthutt 2 hanttheblein . . . . . fl. 3. Pfd. 0. bl. 0.

Item zwu thür auff bie kirchen hinawß beschlagen, ein Nagel zum clain schnecken, von ber truhen zum gerüst
fl. 1. Pfd. 3. bl. 18.

---

*) hängt.

Item zway kattell*) zu ben grosen thrumettern vnb bas vorm kayser . . . . . . . . . fl. 3. Pfd. 0. bl. 0.

Item für 50 Pfd. kupfers minus ¼ vber die kupfrein lattern, bamit sie bebeckt Sinbtt . fl. 3. Pfd. 4. bl. 12.

Suma fl. 36. Pfd. 8. bl. 0.

## 1509.

Item für bie Or, bie zaigtt, schlecht, vnb pebegig (beweglich), greint vnb alle bing lebentig machtt, Manschein, bie zwen schlagmener, ben leuttman, zeller vnb vmbkerentt bie Reiß Or, bie entlebigung ber lattern, barinen bie pfeiffen stinbtt, pellg heben vnb pfeiffen Jr stym geben, pebegung ben kaiser, Siben kurfürsten, bas wernerlein vorm kaiser vnb kurfürstenn, auff vnb zuthon ber thür, bepegenn per vier thrumetter bafür . . . . . fl. 400. Pfd. 0. bl. 0.

Item für bie zway eysna gerüst, gehort bas Ein forn für ben kayser, bas anber hintenn auff bem zinen tach pey ben venstern, ob was gepruch geschech, bas wieber zu machen fl. 50. Pfd. 0. bl. 0.

Suma fl. 450. Pfd. 0. bl. 0.

Item mer seiner Hausfraw gesprochen 5 fl., Seinen knechten 1 fl. 4 Pfd. 6 bl. . . . fl. 6. Pfd. 4. bl. 6.

Summa als an bem Platt fl. 456. Pfd. 4. bl. 6.

Macht als, bas Ich meister Jorgen Hews, schloser, zallt hab, nach bem Spruch . . fl. 538. Pfd. 3. bl. 24.

Hab Ich Meister Jorgen Hews, schloser vberanttwortt 10 Centner 1 Pfd. pleys, bie er zum vergiesen gepraucht hatt, cost . . . . . . . . fl. 20. Pfd. 7. bl. 16.

---

*) Kastell.

Hab Ich Meister Jorgen Hews vberantwortt 2 centner 1 Pfd. pleys zu dieser Or vnd dem werck allein zu gewichten
fl. 4. Pfd. 2. dl. 3.

Suma fl. 536. Pfd. 5. dl. 1.

Also hab Ich Meister Jorgen Hews, Schloser, geben nach lautt deß Spruchs, wie vorn nach Einander stett, vnd vmb pley, macht allß . . . . . fl. 563 Pfd. 5. dl. 1.

### 1509.

Item auff das New kupfren Dach auff Sandtt Michells kor, vnd auff dem gang gerings herumb ob dem porttall vnd nebendechlein hatt Schürstab der maller dar auff gelegt 70 Dutzett stunioll, costen 14 Dutzett 1 fl.
fl. 5. Pfd. 0. dl. 0.

Item Schürstab dem Moller von dem gelben grundtt vnd die 70 Dutzett stonioll dar auff zu legen
fl. 17. Pfd. 0. dl. 0.

Item seinen knechten zu tringgelt fl. 0. Pfd. 3. dl. 0.

Suma fl. 22. Pfd. 3. dl. 0.

### 1509.

Item die altt schlag glock die wug 52 Pfd., hatt der Pehaym genomen das pfundtt vmb 25 dl.

So wug die new schlag glock, die Ich vom Pehaym wieder genomen hab, 1 Centner 26 Pfd., für das pfundtt 30 dl. machtt . . . . . . . . fl. 9. Pfd. 2. dl. 17.

Item mer dem Peheym für ein glocken dem leuttman, der ba lewtt, wen schlagen will vnd die halb stundt zaigtt
fl. 0. Pfd. 5. dl. 0.

Item mer dem Pehaym für 15 mesen scheuben zu der or
fl. 2. Pfd. 4. dl. 6.

Suma fl. 12. Pfd. 3. dl. 11.

## 1509.

Was das Zine Pfeiffwerck vnb stimwerck, das man hörtt,
So die kurfürstenn Rauß für ben kayser gin, cost:

Item barzu ist kome 53 Pfb. zins vnb 23 Pfb. pleis,
hatt das gotzhawß vor Gehabtt, das an der Newen Orgell
oberbeliben ist.

Item vmb zwen pellg barzu     . fl. 5. Pfb. 4. bl. 6.

Item vmb zwu laden, barinnen die Pfeiffen sthinbtt,
Sechs Wintroren . . . . . . . fl. 2. Pfb. 2. bl. 0.

Item vmb schmir zu Pelgen   . fl. 0. Pfb. 3. bl. 0.

Item vmb vier wehsa fell zu leblein fl. 0. Pfb. 4. bl. 0.

Item vmb tratt barzu . . . . st. 0. Pfb. 1. bl. 2.

Item Her linhartt grunther hat zwischen Holtzapffel
vnb mir [gesprochen], das ich Im von dem werck soll geben
zu machen vnb sthimen 24 fl., seinem sun 3 Pfb.

fl. 24. Pfb. 3. bl. 0.

Suma als fl. 33. Pfb. 0. bl. 14.

## 1509.

Item Meister thoman maller vom kaiser, Siben kur=
fürsten, vier thrumetter, zwen thürhüetter, zwen schlagmener,
wernerlein vorm keiser, die zu fasenn, Plab laßur vntter
dem Saiger, am Manschein, vnter ben puschtaben vnb Jar=
zall, ben bebich hinter dem kaiserstuell, oben tabernacell,
zwu thür vnb die wantt zu fasen, alls eisenberg ollgetrenckt
vnb Rott angestrichenn, mancherley, das nit benentt wirtt,
gemallt vnb angestrichenn, für solchs alls fl. 27. Pfb. 2. bl. 0.

Zallt ber Statt sailler vmb Saill:

ꝛc.     ꝛc.     ꝛc.     ꝛc.

Suma fl. 2. Pfb. 2. bl. 6.

## 1509.

Item Meister Petter trechsell, der hett meister Jorgen hews schloser waltzn gemachtt . . . fl. 0. Pfd. 2. dl. 0.

Item zum gerüst, daß man vorm kaiser auff machett, wo pruch geschech, barzu hab Ich taufft 24 elln zwilchs, die elln vmb 30 dl., die zu eynem fürhang, den man für zeuchtt, dason machlons 3 Pfd. . . . . fl. 3. Pfd. 1. dl. 6.

Suma fl. 3. Pfd. 3. dl. 6.

Also hab Ich allein aufgeben zum Paw vnd der or mitt allen Iren zugehörungen, wie von platt zu platt, vnd von Post zu Post, nach einander stett, macht

fl. 1641. Pfd. 4. dl. 17.

Daran hab Ich wieder Eingenumen für 26 centner vnd 36½ Pfd. zins, daß vor auff dem allten bach Sandtt Michells torllein vnd dem gang auff dem Portall gelegen, für den centner 11 fl., macht . fl. 289. Pfd. 7. dl. 16.

Daran hab Ich Eingenomen für alt eysen von der allten or . . . . . . . . . fl. 3. Pfd. 0. dl. 0.

Also hett ich aufgeben vber mein Eynnemen, das dieser paw vnd werck costett . fl. 1348. Pfd. 5. dl. 13.

Hab Ich meinen Hern In meiner nesten Rechnung, die Ich In thett am Mittwoch nach augustienn 1509 Jar, ver= rechett, das mir Ein frume vnbekant Person zum Paw hingeschicktt hett an Sanbtt sebollts abentt 1509 Jar

fl. 200. Pfd. 0. dl. 0.

Hab Ich auch In dieser Rechnung mein Hern ver= rechett, das Inn Endres stromer geben hett zum Paw

fl. 2. Pfd. 0. dl. 0.

Also Costett vnser liebe fraw vnd Jr gothaws dieser paw vnd werck, wie das Ihs vor augen stelt

fl. 1146. Pfd. 5. dl. 13.

# Berichtigung.

Seite 66. Z. 8 von unten lies „am 24. September 1466" statt 24. September.

„ 81. „ 10 „ „ „ „Item ein satplaß" statt satlab.

„ 88. „ 2 „ oben „ „schetterein Tuch" statt scheiterein.

„ 88. „ 15 „ „ „ „ein Newe seße hauben" statt seße hauben.

# Beiträge

zur

# Kunstgeschichte Nürnberg's

von

## Joseph Baader,

königl. Archivs-Conservator.

Zweite Reihe.

Nördlingen.

Druck und Verlag der C. H. Beck'schen Buchhandlung.

1862.

# Vorwort.

Die folgenden Blätter — eine Frucht jahrelangen Sammelns — sind eine Fortsetzung der im vorigen Jahre erschienenen „Beiträge zur Kunstgeschichte Nürnbergs" und wie diese aus guten archivalischen Quellen zusammengetragen. Sind es auch nur Notizen, Kunstfreunden und Forschern werden sie nichts desto weniger willkommen sein.

Nürnberg im September 1861.

Der Verfasser.

# 1. Malereien und Bauten am Rathhause und an andern öffentlichen Gebäuden.

Im Jahre 1332 kaufte der Rath vom Kloster Heils= brenn ein Haus am Salzmarkt, der ehemals den Platz ein= nahm, auf dem nunmehr St. Sebalds=Chor und das gegenüberliegende Rathhaus steht. Das vom Kloster erkaufte Haus wurde niedergerissen und auf seinem Grunde das neue Rathhaus erbaut. Der Bau stand unter der Leitung des Baumeisters Philipp Groß des Alten und kam zum Abschluß am Freitag nach St. Agatha=Tag 1340. Im Laufe der Zeiten wurde das Rathhaus mehrmals erweitert; seine gegen= wärtige Gestalt erhielt es in den Jahren 1616 bis 1621.

Auf eine stattliche Einrichtung desselben war der Rath zu jeder Zeit bedacht; alles war bunt und bemalt nach dem Geschmack der damaligen Zeit; selbst die Kannen, die einen Theil der Einrichtung bildeten, wurden bemalt, z. B. im Jahre 1377, als 99 neue Kannen gemacht wurden. Im Jahre 1383 ließ der Rath Schildlein und Wappen auf einige Kannen eingraben. Die Armbrusten und Tartschen, die im Rathhause hingen, ließ man von Zeit zu Zeit frisch

bemalen und mit neuen Schiltlein und den Stadtwappen
versehen. Solche wurden gemalt in den Jahren 1386, 1390,
1393, 1394 und 1406, in den letzten zwei Jahren durch
die Maler C. Klügel und Meister Berchtold.

Selbst die Stadtthürme wurden nicht vergessen; im
Jahre 1388 ließ sie der Rath frisch tünchen und malen. In
eben diesem Jahre änderte man auch die Fenster der alten
Rathstube; sie wurden erhöht, weiter gemacht und mit neuen
Gläsern und Eisengittern versehen. Die Stube erhielt einige
Malereien. Im Jahre 1393 ließ der Rath ein neues
Reichspanier entwerfen. Martin Unger, der Seidennäther,
der es machte, erhielt dafür 5 Pfund 16 Schilling Haller.
Es hing auf dem Rathhaus.*)

Im Jahre 1393 wurde Meister H. Schön ausgesendet,
um „daz werk vor Poppenhawsen zuschauen". Dafür und
für „ein form" dieses Werkes, die er für den Rath anfertigte,
erhielt er von diesem ein nicht unbedeutendes Geldgeschenk.

In den Jahren 1423 und 1424 wurde das Rathhaus
restaurirt und von den Krämmen und Brotbänken befreit, die
an dasselbe angebaut waren. Der Rath ließ sie abbrechen
nicht ohne große Opfer. Sie waren an Bürger der Stadt
vererbt; ihre Zahl belief sich auf etliche 60 Krämme und
Bänke. Der Rath löste den Bürgern das Erbe ab und be=
zahlte ihnen dafür 4237 Pfund, 13 Schillinge und 3 Hal=
ler. Nachdem das Aeußere von diesen unschönen Anhängseln
befreit worden, ließ der Stadtbaumeister Andres Volkamer
die Restaurations=Arbeiten im Innern beginnen. Sodann
malte Meister Berchtold der Maler „auffen, hinden, vornen
vnd vnder dem Rothawse", desgleichen zwei Stuben desselben.

---

*) Das große Panier und das kleine Rennfähnlein, die der
Rath im Jahre 1383 aus Seide und Gold machen ließ, koste=
ten 11 Pfd. und 12 ß hl.

Das Gemälde im Innern des Rathhauses besserte er aus. Für diese Arbeiten, die er mit Hilfe seiner Söhne und „knechte" ausführte, erhielt er 150 fl. Neu, nach unserm Gelde ungefähr 1000 fl. Seinen Söhnen und Knechten gab der Rath 4 fl. Trinkgeld.

Im Jahre 1425 wurde vor dem Rathhaus ein neuer Zeiger in Gestalt einer goldenen Rose angebracht. Der Goldschmied Wilhelm Greland erhielt dafür 1 Pfund und 15 Schilling-Haller.

Die Losungs- oder Amtsstube der zwei obersten Rathsherrn und der Finanzverwaltung wurde im Jahre 1431 restaurirt. Die darin befindlichen Gemälde, Truhen, Behälter und Oefen wurden ausgebessert, und die Stiege, die vor der Losungsstube in die Harnischkammer führte, neu hergerichtet.

Die Stube des Hausknechts oder Hausmeisters wurde gemalt.

Im Jahre 1433 erhielt die Losungsstube ein neues Gewölbe und über dem Ofen ein neues Gemälde; in die Librei oder Bücherkammer wurden neue Glasfenster eingesetzt und allerlei Eisenwerk an den Pulten, Büchern, Behältern, Läden, Fenstern und Thüren angebracht. Das Alles kostete 139 Pfund ohne die Summen, die auf die Herstellung des Gewölbes gingen. Im Jahre 1458 erhielt die Losungsstube abermals eine Zierde durch zwei Tafeln; eine davon war alt und wurde auf Geheiß des Rathes ausgebessert und gemalt; die andere war ein Marienbild, das ein „Werkmann" in die Losungsstube gab, als man ihm das Bürgerrecht schenkte. Das Fassen und Malen des Bildgehäuses kostete 4 Pfund 12 Schillinge, die Ausbesserung der alten Tafel 5 Pfund 7 Schillinge.

Am neuen Gewandhaus wurde im Jahre 1431 ein Gemälde angebracht. Im Jahre 1432 ließ der Rath für

1*

den Rabenstein ein Gemälde, und im Jahre 1434 für das Loch oder Gefängniß im Rathhause ein Crucifix malen, das man den armen Sündern vortrug. Als in diesem Jahre die neuen Krämme am Zottenberg gemacht wurden, bezeichnete sie ein Maler mit dem ABC.

Im Jahre 1436 ließ man die Rathstube restauriren und mit Gemälden schmücken. Der Maler Hanns Luckenpach erhielt für dieselben 153 fl. Sechs Jahre später aber wurden sie renovirt durch den Maler Walch, der sie „oben an der Deck vnd sust an etlichen angesichten erleuchten vnd bessern" mußte. In demselben Jahre, nämlich 1442, wurde beschlossen, in des Zollners Hinterhause eine neue Rathsstube zu bauen.

Erst im Jahre 1514 wurde wieder ein größerer Bau im Rathhause vorgenommen. „Weil aus mehrung vnd häufung eins rats geschäften an notwendigen gemächen vnd stuben mangel erschien" beschloß man zu Anfang dieses Jahres, ein neues Gebäude im hintern Theile des Rathhauses aufzuführen. Meister Hanns Beheim machte die „Visirung" oder den Plan und leitete den Bau. Im nächsten Jahre wurde auch „gemeine" Rathsstube erweitert, und zwar durch eine Ausladung und nach der Angabe des genannten Meisters. Dieser machte auch die Visirung zu der Schau, die im Jahre 1520 unter seiner Leitung gebaut und ins Almoshaus auf St. Sebaldskirchhof übergetragen wurde.

Einem Juden, der im Jahre 1459 „von etlicher kunst vnd arbeit wegen der gründe" nach Nürnberg gekommen war, verehrte der Rath 12 Pfund.

In den Jahren 1471 und 1479 ließ der Rath durch den Maler Marx Schön die Verzierungen und Initialen zu seinen Jahresregistern, und im Jahre 1471 durch den Maler Pleidenwurf etliche Briefe „der gelegenheit der lande Burgundie" malen. Diese gemalten Briefe sandte der Rath an unterschiedliche Orte.

Der Rath wollte im Jahre 1487 eine neue Steinbrücke über die Pegnitz machen lassen; dazu erbat er sich von Herzog Georg von Niederbayern dessen Werkmeister, Meister Stephan den Steinmetzen, der in der Herstellung solcher Gebäude berühmt war.

Der innere Frauenthurm wurde gegen Ende des XV. Jahrhunderts abgebrochen; er stand auf dem Graben vor St. Lorenzen; an seiner Stelle wurde im Jahre 1498 ein Kornhaus erbaut. Damals wurde auch das neue Spital gebaut. Baumeister war Sebald von Moren. Der Bau dauerte noch mehrere Jahre; im Jahre 1506 wurde beschlossen, nicht nach dem neuen, sondern nach dem alten Plan den Bau fortzuführen.

An der alten Kaiserburg wurden von Zeit zu Zeit einige Ausbesserungen vorgenommen. Im Laufe des XIV. Jahrhunderts, namentlich im Jahre 1381 durch den Glaser oder Glasmaler Mertein, wurden in den Kapellen und Kammern der Burg mehrmals neue Glasenster und Oesen eingesetzt, und im Jahre 1431 ein großes Gemälde „auf des Künigs vesten" gemacht; es kostete 22½ Pfd. Pfenninge. Kaiser Maximilian wollte im Jahre 1500 einen größeren Bau an der Burg vornehmen. Er schickte den Grafen Eitel Friedrich von Zollern und seinen Kammermeister Balthasar Wolf von Wolfsthal nach Nürnberg, um mit dem Rath den Bauplan zu besprechen. Am Mittwoch nach dem Weihnachtstag 1501 schickte er demselben von Linz aus einen Zettel mit der Angabe, wie der Bau vorgenommen werden sollte, und mit dem Befehl, den Zettel zu übersehen und den Bau förderlichst zu beginnen. Letzteres jedoch schien keine große Eile zu haben. Es wurde zwar etwas gebaut, jedoch keineswegs so viel, als der Kaiser haben wollte. Erst später, in den Jahren 1518 bis 1520, setzte man den Bau wieder fort. Bedeutend jedoch waren diese Bau-Unternehmungen in

keinem Fall. Doch wurden die Zimmer mit Gemälden
geziert.

Hanns Zäch, Infasse zu Lucern, verehrte dem Rath im
Jahre 1509 „ein verzeichniß etlicher künstlicher stuck". Sei=
nem Sohn, der es nach Nürnberg brachte, schenkte der Rath
6 fl.

Im Jahre 1510 wollte die Schule bei St. Sebald ein=
fallen; der Rath ließ eine neue erbauen auf Kosten der
Kirche, da diese die Zinse aus den unter der Schule befind=
lichen Läden einnahm. In demselben Jahre wurde die hän=
gende Brücke auf dem Säumarkt ausgebessert und mit Bruck=
hölzern und Dielen belegt.

Auf Ansuchen des Herrn Hieronymus von Stauf,
Freiherrn zu Ehrenfels, ließ der Rath im Jahre 1511 zur
Förderung des Gottesdienstes ein Glasgemälde für das neu=
erbaute Gotteshaus zu Beratzhausen *) machen. Dem Künst=
ler bezahlte er dafür 24 fl.

Einen gemalten „christlichen" Triumph erhielt der Rath
im Jahre 1520 von einem Maler verehrt; dieser wurde da=
für mit 6 fl. beschenkt. Der Maler Erasmus Süß erhielt
ebenfalls ein Geldgeschenk, als er dem Rath im Jahre 1540
das Porträt eines Kindes verehrte, das · die Juden zu
Eichstädt gemartert hatten.

## 2. Malereien zum Reichs = Heiligthum.

Kaiser Sigmund ließ im Jahre 1424 den Krönungs=
ornat der deutschen Kaiser und die übrigen Reichs=Heiligthümer

---

*) Marktflecken an der Laber im Landgericht Hemau.

nach Nürnberg bringen. Hier wurden sie in der Spitalkirche
verwahrt. Nach Ostern brachte man sie alljährlich in das
Schopper'sche Haus am Markt. Vor demselben war eine
große Tribüne, der sogenannte Heiltums-Stuhl, aufgeschlagen.
Auf demselben wurden der Ornat und die übrigen Reliquien
dem Volke vorgezeigt. Im Schopper'schen Hause befand sich
eine Kammer, in der sie über Nacht verwahrt wurden. Diese
Kammer ließ der Rath im Jahre 1430 mit einem Gemälde
zieren, und zugleich das ganze obere Gewölbe der Spitalkirche, in
dem sie das Jahr über verwahrt lagen, mit Gemälden ausmalen.
Bei besondern Veranlassungen wurden die Reichsheiligthümer
auch in diesem Gewölbe vorgezeigt. Die Malereien kosteten
bei 52 Pfd., und das Eisengitter, das im Gewölbe im Jahre
1432 angebracht wurde, 16½ Pfd. Haller.

Ein schöner großer Teppich, den der Rath im Jahre
1458 durch die Klosterfrauen zu St. Katharina zum Tabernakel „vnder dem gezelt des Heiltums“ wirken ließ, kostete
42 fl. *)

## 3. Bauten an den Festungswerken.

Im Jahre 1427 kaufte der Rath vom Markgrafen
Friedrich von Brandenburg die burggräfliche Veste. Im näch-

---

*) Die Teppichwirkerei wurde zu Nürnberg inner= und außerhalb
der Klöster mit vielem Eifer und großem Geschick betrieben.
Fremden Gästen von hohem Range, die in die Stadt kamen,
verehrte der Rath öfters gewirkte Teppiche. Der böhmische
Kanzler Procop vom Rabenstein erhielt im Jahre 1458 deren
vier.

ſten Jahre beſchloß man, den Graben an derſelben und auch an der kaiſerlichen Burg tiefer zu machen und Bollwerke anzulegen. Man eilte mit der Ausführung des Planes, da der Schrecken vor den Huſſiten einen Angriff auf Nürnberg erwarten ließ. Im Jahre 1429 ſchrieb der Rath nach Ulm um den berühmten Baumeiſter Hanns Velber. Er kam und gab den Stadtwerkleuten die nöthige Anleitung im Feſtungs= bau. Auch Augsburg ſchickte „zwen werkmanen, die uns zu troſt nach Nürnberg kamen". Als Meiſter Hanns Velber und die Augsburger Werkleute wieder abreiſten, löſte der Rath alle drei aus der Herberg. Dem Meiſter Hanns ſchenkte er überdies 23 Pfd. und 1½ Schillinge und den beiden Werkmannen aus Augsburg 17 Pfd. und 2 Schillinge. Die Oberleitung des Baues führte der Stadtbaumeiſter, der immer aus den rathsfähigen Geſchlechtern genommen wurde. Damals war Jacob Topler Stadtbaumeiſter.

Nach dem ſeit 1428 an den Feſtungswerken gebaut und namentlich der Graben ſehr tief gelegt worden war, übertrug man im Jahre 1434 den Bau dem Meiſter Johann Glöckner von Zittau. Für „ein muſter an einem gemolten tuch eins veltkriegs vnd legers" *) und „von etlicher anweiſung wegen" ſchenkte ihm der Rath im Jahre 1434 21½ Pfund. Für die Leitung des Baues erhielt er ein jährliches Dienſtgeld von 54 Pfd., und für die verſchiedenen Muſter und Ord= nungen zu einer Belagerung, die er dem Rath innerhalb der Jahre 1435 bis 1442 anfertigte, zeichnete und malte, die Summe von 126 fl. Er führte den Bau acht Jahre lang.

Faſt hundert Jahre ſpäter, in den Jahren 1535 und 1536, ſollte hinter der Veſte am Thurm Luginsland eine

---

*) Schon im Jahre 1406 kaufte Albrecht Ebner für den Rath ein Buch „darynn gemalt iſt, wie man zeug zu ſtürmen vnd zu ſtreiten machen ſoll" um den Preis von 16 fl.

Baſtei gebaut und das von Meiſter Hanns Beheim im Jahre
1493—1495 gebaute Kornhaus oder die ſogenannte Kaiſer=
ſtallung mit einem Zwinger umgeben werden. Desgleichen
wollte man den Thurm Altnürnberg von oben herab, ſo weit
als er mit Ziegelſteinen aufgebaut war, abtragen und mit
Quadern bauen. Letzteres unterblieb, wie noch jetzt der
Augenſchein ausweist.

Großartiger war der Bau der Baſtei zwiſchen dem
Veſtner= und Thiergartner Thor, der im Sommer 1538 be=
ſchloſſen wurde. Anfangs hatte man im Sinne, die Stadt
mit 8 Baſteien, 4 großen und 4 kleinen, zu umgeben. Den
Plan und die Modelle machte Signor Antonio Jazuni mit
dem Zunamen „Malteſe aus Sicilia“. Er war „ein ſunder
künſtner vnd bauerſtändiger mann vnd in kaiſerlichen Dien=
ſten bauangeber vnd zurichter“. Die Modelle machte er mit
Hilfe des berühmten Kunſtſchreiners Sebald Peck zu Nürn=
berg, „der mehr vnd baß dann alle ſeine Handwerkgenoſſen
geſchickt vnd kunſtreich war“. Jazuni erhielt monatlich 60 fl.;
als Dolmetſcher diente ihm Anton Seger. Linhart Schnabel,
Steinmetzmeiſter,*) leitete die Arbeiten der Steinhauer. Er,
namentlich aber der Palier Georg Unger, reiſten während des
Baues auf Geheiß des Rathes wiederholt in die Niederlande,
und jedesmal brachten ſie bei ihrer Rückkehr „Muſter vnd
viſirungen“ mit. Der Bau dauerte vom Jahre 1538 bis
1544.**) Er verſchlang große Summen, obwohl Städter
und Bauern die Fuhren und andere Frohnen leiſten mußten.

---

*) Er führte im Jahre 1531 den Bau auf der Veſte Lichtenau.
**) Es iſt nicht richtig, wenn man ſagt, der Bau wurde im
    Jahre 1538 ausgeführt. In dieſem Jahre wurde zwar der
    Bau beſchloſſen, und wurden der Plan und die Modelle an
    gefertigt, auch Materialien herbeigeſchafft und die Erdarbeiten
    begonnen, aber die Ausführung ſelbſt erfolgte erſt im Laufe
    der nächſten fünf Jahre.

Bei seinem Abzuge aus Nürnberg erhielt Signor Antonio Fazuni vom Rath ein Geldgeschenk von 400 fl. Auf dem Wege an den kaiserlichen Hof wurde er gänzlich ausgeraubt. Er kehrte nach Nürnberg zurück; hier erhielt er vom Rath abermals ein nicht unbedeutendes Geldgeschenk.

Der Bau der runden Thürme wurde im Jahre 1555 begonnen. Den Anfang machte man mit dem Lauferthurm, der im J. 1557 vollendet wurde und 9897 fl. 8 Pfd. und 5 Pf. kostete. Baumeister war der vorgenannte Georg Unger, der auch den Plan dazu machte oder aus den Niederlanden mitbrachte. Die Steine nahm man aus dem Steinbruche bei Rückersdorf. Städter und Bauern frohnten zu dem Bau.

Die Festungswerke Nürnbergs waren zu damaliger Zeit berühmt, und seine Baumeister von Fürsten und Städten gesucht, *) um ihnen in Anlegung ihrer Festungsbauten mit Rath und That beizustehen. Aus weiter Ferne kamen Baumeister und Büchsenmeister, um Nürnbergs Werke und Zeug zu besehen.

Im Jahre 1513 schickte auch Lübeck seinen Baumeister, um die Wehren und den Zeug der Stadt zu besichtigen. Der Rath gab ihm mehrere Bauverständige und etliche Rathsfreunde bei, die ihm Alles erklären und zeigen mußten.

---

## 4. Die Erbauung des schönen Brunnens. **)

Derselbe wurde, nach der bisherigen Annahme, von den Gebrüdern Georg und Friedrich Ruprecht und von Sebald Schonhofer, den Baumeistern und Bildnern der Frauenkirche,

---

*) S. unten den Artikel „Baumeister."
**) Vgl. Anzeiger für Kunde der deutschen Vorzeit 1860 Nr. 9 und „Beiträge zur Kunstgeschichte Nürnbergs" S. 30.

erbaut. Einen urkundlichen Nachweis hierüber gibt es nicht; jene Annahme stützt sich auf Chroniken und auf die Behauptung etlicher Schriftsteller. Einen urkundlichen Beweis für ihre Angaben bringen auch sie nicht. Die Gestaltung, künstlerische Ausführung und Anordnung der schönen, vielfach durchbrochenen gothischen Pyramide und der darin aufgestellten Standbilder, erinnert zwar an die Schonhofer'sche Formbildung der Bildwerke in U. L. Frauenkirche, aber ihre Aehnlichkeit beweist noch nicht die Identität der Meister.

Dagegen existirt eine gleichzeitige, wenn auch sehr summarisch gehaltene Baurechnung über den schönen Brunnen vom Jahre 1385 bis 1396, aus der sowohl über die Zeit, in der das Werk entstanden, sowie über den Baumeister bestimmte Nachrichten zu schöpfen sind, und die amtlich angefertigt ist. Sie umfaßt einen Zeitraum von 11 Jahren, innerhalb welcher der Bau zum Abschluß kam. Ein Mitglied des Rathes, wahrscheinlich der jemalige Stadtbaumeister, führte die Oberaufsicht. In den Jahren 1385 bis 1388 war es Friedrich Pfinzing, der den Bau überwachte. Während dieser Zeit erhielt er von dem Rath zu dem „paw dez newen prunnen am markt" in verschiedenen Raten über 2000 Pfd. Haller ausbezahlt; davon treffen allein auf das Jahr 1385 1017½ Pfd. Haller. Als Pfinzing starb, führte Meister Heinrich der Palier oder „Parlirer", wie er gewöhnlich genannt wird, den Bau im Jahre 1389 ganz allein. Für seine Mühe und Arbeit erhielt er in diesem Jahre 37½ Pfd. Haller; den Steinbrechern und Schmieden wurden 42 Pfd. Haller bezahlt.

Im Jahre 1390 wurde die Oberleitung des Baues und die Rechnung dem Ulman Stromer, Mitglied des Rathes, übertragen; er führte beide bis zur Vollendung des Brunnens im Jahre 1396. Während der Jahre 1390 bis 1392 erhielt er von den Bürgern des Raths „zu dem paw am

prunnen" verschiedene Summen: im Jahre 1390 354 Pfd.
Haller, im Jahre 1391 449 Pfd. und 3 ß. Haller, und im
Jahre 1392 132 Pfd. Haller und abermals 187½ Pfd.
und 98 fl. ungerisch und rheinisch. Ein großer Theil der in
diesem Jahre bewilligten Summen wurde zur Vergoldung
verwendet. Meister Rudolf der Maler, der die Vergoldung
und das Bemalen besorgte, erhielt 72 Pfd. Haller und
40 fl. Neben demselben war C. Klügel, Maler, mit Malen
und Vergolden beschäftigt. Er erhielt 26 fl. „vmb golt zu
dem Prunnen".

Im Jahre 1393 zahlte der Rath an Ulman Stromer
zur Fortsetzung des Baues 442 Pfd. Haller. Davon gab
dieser hinwieder Meister Heinrich dem Palier 54 Pfd. „ze
liebung (Verehrung) von dem prunnen für sein müw, die er
damit gehabt hat, wann er klagt, daz Im ze wenig dauon
worden wer". Desgleichen erhielt H. Vogel 3 Pfd. Haller
für die in der oberen Reihe der Standbilder aufgestellten
„kleinen propheten". Ob diese von Vogel angefertigt wor=
den, oder ob er sie allenfalls nur vergoldet hat, läßt sich aus
der Rechnung nicht entnehmen. Zu den Figuren wurden
wahrscheinlich Steine aus Pirkenfelt verwendet. Allda wur=
den gute feine Sandsteine gebrochen, und der dortige Stein=
brecher erhielt von Stromer einmal 3 Pfd. Haller.

Im Jahre 1394 betrug die Bausumme 213 Pfd. und
im Jahre 1395 63 Pfd. Haller; davon erhielt Meister
Heinrich für seine Arbeit 24 Pfd.

Im nächsten Jahre verwendete man noch 63½ Pfd.
Haller und 20½ fl. Von diesem Geld erhielt Meister Hein=
rich 16 fl. mit dem Beisatz „vnd ist also verricht". Im
Ganzen wurden über 4500 Pfd. Haller auf den Brunnen
verwendet.

Es fragt sich nun, wurde diese bedeutende Summe ledig=
lich zur Vollendung des angeblich von den Gebrüdern Ruprecht

und von Sebald Schonhofer im Jahre 1355 begonnenen Werkes verwendet, oder aber hat man den Brunnen erst im Jahre 1385 angefangen und durch Meister Heinrich den Palier ausführen lassen? Wir behaupten letzteres, da nicht wohl anzunehmen ist, daß man den Brunnen 25 Jahre lang unvollendet habe dastehen und erst im Jahre 1385 den Bau wieder fortsetzen lassen.

Eine bloße Reparatur kann es wohl auch nicht gewesen sein, denn der angeblich im Jahre 1361 vollendete Brunnen bedurfte derselben schwerlich, und solche Reparaturen erfordern in der Regel keinen Zeitraum von 11 Jahren oder Summen von 4500 Pfd., nach heutiger Währung etwa 25,000 fl. Die Rechnungen des Raths zu Nürnberg aus der Zeit vor dem Jahre 1385 enthalten unter den Bauausgaben nicht eine einzige über den schönen Brunnen.

Man gibt gerne zu, daß die Gebilde der Pyramide und ihre Standbilder an die Bildwerke der Frauenkirche, und namentlich an jene erinnern, die dem Sebald Schonhofer zu= geschrieben werden; daraus folgt aber noch nicht, daß sie ge= rade von ihm herrühren müssen. Ein so tüchtiger Künstler, als Schonhofer war, hat gewiß auch seine Schüler gehabt, und ein solcher mag Meister Heinrich der Palier gewesen und identisch sein mit jenem H. Beheim dem Palier, der im Jahre 1378 das Bürger= und Meisterrecht zu Nürnberg erhielt. *)

Der Brunnen wurde im Jahre 1824 restaurirt; von den ursprünglichen Standbildern waren nur noch einige we= nige vorhanden; die fehlenden ersetzte man durch neue. Wahr= scheinlich hat man erst damals die Jahreszahl 1361 ange= bracht seitwärts von dem bayerischen Wappen, das man bei der Restaurirung in den alten Brunnentrog einmeißelte.

---

*) S. Baader, Beiträge zur Kunstgeschichte Nürnbergs, S. 3.

Meister Heinrich der Palier machte auch die „abblezz" des schönen und anderer Stadtbrunnen. Als er dem Martin Haller von Rathswegen im Jahre 1392 Unterricht gab in der Behandlung dieser Wasser=Abflüsse, wurden ihm 4½ Pfd. Haller verehrt. Für die Arbeit an dem Brunnen auf St. Sebaldskirchhof erhielt er in demselben Jahre 6 Pfd. Haller. Der Rath nahm in bald darauf in Bestallung, und gab ihm ein jährliches Wartgeld, Anfangs 10 Pfd., später 16 Pfd., die er bis an sein Lebensende bezog. Er starb hochbetagt im Jahre 1430.

. Im Jahre 1421 wurde der Brunnen hinter U. L. Frauenkirche durch Peter Parlierer und Mertein Selberlein hergestellt. Der Rath steuerte 48 fl. und 1 ort bei. Zum Brunnen auf dem neuen Bau, der im Jahre 1438 errichtet wurde, gab er einen Beitrag von 19 Pfd. und 17 Lth. Haller. Im Jahre 1512 wurde bei St. Lorenzen ein neuer Brunnen errichtet, d. h. der alte eingeworfen und der neue auf die Gemein gerückt und nach „der visir" gemacht.

## 5. Baumeister, insbesondere Hanns Beheim der Aeltere und der Jüngere.

An der Spitze des städtischen Bauwesens stand seit alten Zeiten der Stadtbaumeister; er war in der Regel ein Mitglied der rathsfähigen Geschlechter und bekleidete sein Amt mehrere Jahre oder bis zu seinem Ableben. Unter ihm stand der Schaffer oder Anschicker in der Penut oder im Baustabel. Dieser war der eigentliche Bautechniker der Stadt, der die Pläne entwarf und die Bauten führte. Diesem zur Seite und unter dem Stadtbaumeister standen der Stadtmaurer, der Stadtsteinmetz, der Stadtzimmermann, der Stadtschreiner, der Stadtschlosser u. s. f., die ein jährliches Wartgeld erhielten und auf Verlangen und gegen gewöhnlichen Lohn sich zu der Stadt Gebäuden gebrauchen lassen mußten. Als solche und als erfahrene Baumeister werden in der zweiten Hälfte des XV. Jahrhunderts genannt: Hanns Ruprecht, Jacob Grym, der Baumeister des Chors der St. Lorenzerkirche,*) Cuntz Smerkuntz, Cuntz Hubner, Hanns Ber, Seitz Pitrolt, Hanns Vorster, Hanns Scharrer, Hanns Mertz, Peter Smaus, Hanns Zaiser und Ulrich Kraft.**) Ihnen gesellte sich gegen Ende des genannten Jahrhunderts bei der Meister Hanns Beheim, Steinmetz und gemeiner Stadt Werkmann, der noch den gothischen Styl bei seinen Bauten festzuhalten bestrebt war und von Fürsten, Herren und Städten gar vielfach um Rath und Beistand zu ihren Bauwerken angegangen wurde.

Als Churfürst Friedrich von Sachsen die Brücke zu Torgau bauen wollte, bat er den Rath zu Nürnberg im Jahre 1494 um den Meister Hanns Beheim, der sich auch alsbald auf den Weg nach Sachsen machte. Im Jahre 1503 nahm ihn der Rath als Anschicker, Schaffer und Buchhalter in der Peunt auf.

Die Reichsstadt Ulm schickte dem Rath zu Nürnberg im Jahre 1511 „ein visir oder gerissne verzaichnuß seines ver-

---

*) Im Jahre 1457 machte der Rath mit ihm einen Vertrag wegen Erbauung einer Brücke über die Pegnitz bei dem Siech haus, die er nach dem „muster" machen sollte. In demselben Jahre wurde ihm ein Feuerrecht bei den zwölf Brüdern vergönnt. Im Jahre 1476 bat Bischof Rudolph von Wurzburg um ihn. Obwohl an dem Chor noch manches zu machen war, ließ ihn der Rath dennoch auf einige Zeit nach Wurzburg gehen.
**) E. Baader, Beiträge zur Kunstgeschichte Nürnbergs S. 3.

habenden gebäus vnd thurms" mit der Bitte, dasselbe durch des Raths sachverstänbige Diener und Werkleute besichtigen und ihr Gutachten einholen zu lassen. Nachdem dies geschehen, schickte der Rath den Meister Hanns noch eigens nach Ulm. Dieses verlangte später den Meister noch einmal; er ließ sich aber entschuldigen.

Graf Hermann von Henneberg verlangte im Jahre 1512 einen Baukundigen, der sich auf Befestigung und Gebäude verstehe und diese anzugeben wisse. Der Rath schickte den Meister Hanns Beheim zu dem Grafen nach Römhild, denn „derselb sey solcher bing genugsam verstänbig vnd zu solchen gebäuen zuvor mermals von fürsten vnd herren gebraucht".

In demselben Jahre schrieben um den Meister Hanns auch die Grafen Günther, Ernst, Gebhart und Albrecht von Mannsfeld, die ihr Schloß Mannsfeld befestigen wollten. Meister Hanns reiste zu den Grafen und half ihnen mit Rath und That.

Er war von allen Seiten in Anspruch genommen; zu der Stadt Gebäuden und Geschäften aller Enb zu laufen, warb ihm im Jahre 1514 zu viel; da erlaubte ihm der Rath, zu seines Leibs Nothdurft und zu Fristung seiner Gesundheit ein Pferdlein zu halten. Zur Unterhaltung desselben wurden ihm alljährlich 25 fl. aus der Losungsstube gereicht.

Als Bischof Georg zu Bamberg zu bauen anfing, schrieb er um den Meister Hanns, der in den Jahren 1515 und 1516 mehrmals nach Bamberg und Forchheim ging, um dem Bischof seinen Rath zu ertheilen und den Bau zu besichtigen. In denselben Jahren führte er den Bau im Hintergebäude des Rathhauses und den Schloßbau zu Lichtenau. Er hatte einen Bruder, Namens Conrat Beheim, der gleichfalls ein tüchtiger Werkmann war. Diesen schickte der Rath im Jahre 1514 nach Windsheim, um einen „brechenhaften" Thurm wieder herzustellen.

Meister Hanns Beheim der ältere, Steinmetz, gemeiner Stadt Werkmeister, Anschicker und Buchhalter in der Peunt starb im Herbste 1538.

Sein gleichnamiger Sohn Meister Hanns Beheim der Jüngere war Landbaumeister und ein ebenso erfahrener und berühmter Baumeister wie sein Vater. Er trat im Jahre 1514 in die Dienste des Raths, vor der Hand aber nur auf 10 Jahre. Als Ulm im Jahre 1516 vom Rath Bau= verständige sich erbat, schickte er seinen Landbaumeister „bey dem fürwar in trefflichen gebäuen vnd zuuor beuestigungen verstand befunden wird". Der Rath zu Ulm baute damals auch das Schloß Helfenstein. Nürnberg schickte den Ulmern seinen Landbaumeister Hanns Beheim und Matern Harter. Ersterer hielt sich im Jahre 1516, ehe er nach Ulm ging, beim Grafen von Henneberg auf, um ihm bei seinen Bauten zu helfen. Beheim hatte, wie aus einem gleichzeitigen Schrei= ben des Raths hervorgeht, „etweuil zeit krieg gebraucht vnd vil gesehen". Später ging er abermals nach Ulm, um zu den dortigen Bauten zu helfen. Im Jahre 1533 verlangten ihn die von Augsburg zu ihren Gebäuden. Der Rath schickte ihn als einen Baumeister, der „vor andern berümbt" sei. Wegen seiner vielen Geschäfte legte er im Jahre 1518 das Landbaumeister=Amt mit Genehmigung des Rathes nieder; doch erbot er sich, dem Rath zu vorhabenden größern Bauten in der Stadt oder auf dem Lande dienen zu wollen.

Ein vielbeschäftigter und gesuchter Werkmann damaliger Zeit war auch Meister Jorg Stabelmann, der im Jahre 1507 2c. bei dem Bau an der Frauenkirche beschäftigt war und im Jahre 1512 dem Bischof Lorenz zu Würzburg ge= schickt wurde.

Den Meister Stephan, Steinmetz und Baumeister zu Nördlingen, wollte der Rath im Jahre 1517 in seine Dienste nehmen. Denn Bernhard Groland, der auf dem Bundestag

zu Nördlingen war, und andere Herren aus Nürnberg hatten
Meister Stephans Gebäude und Arbeit gesehen und groß
Gefallen daran gefunden. Groland schrieb dem Meister, er
möge nach Nürnberg kommen, um das Weitere mit ihm
zu bereden, da er den Wunsch, in Nürnbergische Dienste zu
treten, gegen ihn geäußert habe.

Unter den Baumeistern Nürnbergs, die sich namentlich
durch Anlegung von Festungswerken einen Ruf erworben hat=
ten, war auch der Zeugmeister Matern Harber von Straß=
burg. Im Jahre 1512 schickte der Rath ihn und den Mei=
ster Hanns Beheim den Grafen von Mannsfeld. Im Jahre
1519 ging er zweimal nach Augsburg, um zu den dortigen
Festungwerken seinen Rath zu ertheilen. Zu dem gleichen
Zwecke verlangten ihn im Jahre 1523 der Pfalzgraf Friedrich
und Herzog Georg von Sachsen. Diesen schickte ihn der
Rath nicht, wohl aber dem schwäbischen Bund. Matern
Harber und Andres Pegnitzer waren es ohne Zweifel, die
das Geschütz des Raths im Jahre 1513 auf die „newe
manir" umgossen und faßten. *)

Aber nicht blos Baumeister verlangten die Fürsten,
Herren und Städte von Nürnberg; auch den Werkzeug und
Maschinen mußte es liefern; von einigen Fällen, die uns in
dieser Beziehung bekannt geworden, erwähnen wir nur den
Hoyer auf einem schießenden Werk, der von der Hand getrie=
ben wurde, und den die markgräflichen Räthe im Jahre 1517
zum Schloßbau in Onolzbach von der Stadt Nürnberg ver=

---

*) Im Jahre 1513 ließ der Rath für die Stände des Königreichs
Böhmen 20 Schlangenbüchsen durch seinen Zeugmeister Matern
Harber gießen. Sie wogen 107 Zentner 5 Pfd. und kosteten,
den Zentner zu 8½ fl. gerechnet, 909 fl. 18 ß. Die sieben
Möbel kosteten 3 fl. und das Fuhrlohn bis Prag 80 fl. 5 ß.
oder der Zentner 3 Ort eines Gulden.

langten. Diese aber gab den Hoyer nicht her, sondern wollte, wie es scheint, nur den Hoyer leihen, der von Personen ge= hoben wurde.

---

## 6. Eisen= und Siegelgraber, insbesondere Hanns Krug.

Die Kunst, Eisen oder Stempel zu den Münzen und Siegel zu graben, wurde zu Nürnberg von jeher mit Eifer gepflegt. Meistens waren es die Goldschmiede, die sich da= rauf verlegten. Nürnberg hielt sich immer einen eigenen Eisengraber, der seine Münzstempel grub.

F. Habelßheimer machte dem Rath im Jahre 1395 ein Gerichtssiegel und zu dem Raths=Secret eine vergoldete sil= berne Kette. Dafür erhielt er 4 Pfd. und 12 Schilling= Haller. Im Jahre 1427 ließ der Rath eine Denkmünze prägen; für die dazu gehörigen Platten zahlte er dem Eisen= graber 2 Pfd. 4 ß. Haller. In demselben Jahre wurden auch Goldmünzen geprägt; der Maler, der das Gepräge da= zu entworfen hatte, erhielt 7 ß., und der Eisengraber Hanns Ulrich von Erfurt 15 Pfd. 8 ß. Haller für die Stempel, die er der Stadt im Jahre 1429 zu der goldnen Münze anfertigte. Im Jahre 1430 wurden Gulden und Schillinge geprägt; Hanns Pfaffenhofer machte die Eisen dazu, und er= hielt dafür 7 Pfd. 11 ß. und 8 Haller. Zur selben Zeit war Hanns Scheslicz verpflichteter Eisengraber des Raths. Dieser zerwarf sich mit ihm. Scheslicz ging im Jahre 1430 nach Frankfurt in der Absicht, den Dienst der Stadt Nürn= berg zu verlassen. Der Rath begütigte ihn aber und schenkte ihm 20 fl.; das bewog den Künstler nach Nürnberg zurück= zukehren und im Dienste des Rathes zu bleiben.

2*

Der Rathsfreund Hanns Tetzel verlor im Jahre 1440
das Secretsiegel des Raths\*); dieser ließ durch Sebald
Groland und Hanns Ulrich von Erfurt ein neues machen
und bezahlte ihnen dafür 12 fl. neu.

Einer der berühmtesten Eisengraber der Stadt war
Hanns Krug der Aeltere. Er war zugleich Goldschmied und
Münzmeister und erhielt im Jahre 1484 die Bürger= und
Meisteraufnahme. Im Jahre 1499 ließ der König von
Ungarn seine Münzeisen durch ihn graben; er that es mit
Erlaubniß des Raths, in dessen Diensten er stand. Im
Jahre 1506 erlaubte man ihm, Goldblech zu Münzen anzu=
fertigen und dieselben zu prägen. Er trieb Wechsel mit Sil=
bermünzen gegen Gold, und that dies auch zur Zeit, wenn
er nicht Silber münzte. Dies verbot ihm der Rath im
Jahre 1508, weil es dem Wechsel der Stadt zum Nachtheil
gereichte.

Im Jahre 1509 schickte Churfürst Friedrich von Sachsen
dem Rathsherrn Anton Tucher 2 Pfenninge oder Medaillen mit
dem Auftrag, eine davon dem Albrecht Dürer zu geben und seinen
Rath einzuholen, wie sie gegossen werden sollen. Die andere
gab Tucher dem Hanns Krug. Dieser erklärte, er wolle die
Pfenninge reiner und werklicher machen als die Muster seien.
Von des Churfürsten Bildnissen machte er zwei Abdrücke in
Blei. Das größere hatte er von Neuem zugerichtet, das
kleinere verbessert. Tucher schickte die Abdrücke dem Chur=
fürsten. Für diesen machte Krug auch die Stempel zu den
Silbergroschen, wovon 4 und 3 einen Rheinischen Gulden
galten, desgleichen zu den Achtern, Vierern und Sechzehner
Groschen, und zu den Goldmünzen. Krug erhielt Urlaub von
dem Rath, um sich dieser Arbeit ganz widmen zu können.

---

\*) Eine „betjongfraw" fand dieses Siegel später auf einem Pfei=
ler in der Frauenkirche; als sie es dem Rathe zurückstellte,
wurde sie dafür belohnt.

Die Bezahlung für seine Kunst und Arbeit ließ aber immer lange auf sich warten. Tucher mahnte den Churfürsten im Namen Krugs wiederholt. Zuletzt wurde dieser der Sache überdrüssig; er erklärte, sich solchen Arbeiten und Aufträgen nicht weiter unterziehen zu wollen.

Im Jahre 1509 prägte er noch Gröschlein und Pfenninge im Betrage zu 3000 fl.; er legte aber noch in demselben Jahre das Amt des Münzens, Probirens und der Schau nieder.

An seiner Statt wurde Conrat Eber als Münzmeister und Endres Kaschauer als Probirer aufgenommen. Hanns Crafft war Aufzieher, Hanns Kneusel Wechsler. Dem Conrat Eber folgte im Jahre 1514 Marquart Rosenberger als Münzmeister. Er versah dieses Amt viele Jahre und war ein sehr tüchtiger Eisengraber. Heinrich Plömler folgte ihm im Jahre 1535 als Münzmeister.

Weil Hanns Krug sich weigerte, weitere Arbeiten für den Churfürsten von Sachsen zu übernehmen, wendete sich Tucher an Martin Krafft. Dieser erbot sich, die Stempel nach dem Bildniß zu machen, das der Churfürst geschickt hatte. Krafft hatte nämlich verlangt, des Churfürsten Hofmaler soll das Bildniß schneiden oder malen „aber seicht und nit zu hart erhöht sol er es machen". Das geschah und Krafft machte die Stempel darnach. Auch machte er im Jahre 1510 dem Churfürsten die Eisen zu den Groschen, wovon einer einen Rheinischen Gulden galt. Außer dem Bildniß des Churfürsten war auf dem Stempel auch ein Adler eingegraben. Dem Churfürsten wurde ein Abguß geschickt. Krafft machte demselben auch die Eisen zu den Achtergroschen, da die in den Niederlanden gemachten Eisen „an die Münz sich ganz nicht schickten noch angingen". Zu Augsburg ließ der Churfürst auch einige Eisen zu den Münzen, die Guldenwerth hatten, anfertigen. Um dieselbe Zeit wollte er zu Nürnberg

abermals Münzſtöcke anfertigen laſſen und zwar mit St. An-
tonius Bildniß. Er ſchickte eine Zeichnung dazu. *)

Nach Hanns Krug wurde Hanns Krafft, der Aufzieher
in der Münz war, als Eiſengraber in eines Raths Dienſt
und Pflicht genommen. Er legte ſein Amt im Jahre 1513
nieder; es wurde dem Hanns Krug dem Jüngern übertragen;
er war ein Sohn des vorgenannten Hanns Krug, Goldſchmied
und im Jahre 1514 Aufzieher in der Münz. Im Jahre
1519 erhielt er auch das Amt eines Probirers und Amt-
manns in der Schau und ſollte dafür eine Caution im Betrage von 2000 fl. ſtellen. Im Jahre 1535 geſtattete ihm
der Rath, zwei Jahre lang „unentſagt ſeines burgerrechten"
außerhalb der Stadt zu wohnen und in fremden Landen ſeine
Handirung zu treiben.

Gute Stein- und Siegelſchneider waren zur damaligen
Zeit Kaſpar Steinſchneider, der unter Andern dem Herzog
Heinrich dem ältern zu Braunſchweig im Jahre 1509 einen
ſchönen Wappenſtein ſchnitt, und Stephan Stainpeer, dem die

---

*) Ueberhaupt beſchäftigte der Churfürſt die Künſtler und Hand-
werker Nürnbergs auf manigfache Weiſe. Im Jahre 1509
ließ er ſich durch den Illuminator Elſner ein Gebetbüchlein
illuminiren. Anton Tucher, durch den der Churfürſt den Auftrag ertheilt hatte, meldete ihm, das Büchlein ſei allbereit bis
zum Ende fertig; er habe es geſehen und glaube, daß die Arbeit dem Churfürſten nicht mißfällig erſcheinen würde. — Im
Jahre 1510 ſchickte dieſer dem Anton Tucher mehrere Stück
Silber, aus welchen durch den Goldſchmied Paul Müllner
Schüſſeln gemacht wurden für die churfürſtliche Tafel. — Der
Goldſchmied Endres Wolfauer erhielt vom Churfürſten gleichfalls viele Aufträge. Auf einer Geſchäftsreiſe nach Sachſen
wurde Wolfauer im Jahre 1512 von Hanns von Selbitz nie-
dergeworfen und beraubt. Der Rath bat den Churfürſten,
dem Wolfauer zu ſeinem Gute verholfen zu ſein, denn der-
ſelbe habe „ewern fürſtlichen gnaden zu vielmalen mit ſeiner
kunſt gedint."

Goldschmiede im Jahre 1530 das Stein= und Siegelschneiden wehren wollten. Der Rath erlaubte es ihm aber; doch soll er die Platten zu den Siegeln, die er in Gold oder Silber schneide, von den Goldschmieden machen lassen.

Die Goldschmiede und Steinschneider, die goldene oder silberne Siegel gruben, mußten Pflicht thun, daß sie Nieman= den solche Siegel machten, sie wüßten dann zuvor, wem das Siegel zustehe; fänden sie Gefährde dabei, so sollen sie das Siegel nicht graben, sondern dem Bürgermeister Anzeige da= von machen. Dasselbe mußten die Gürtler und Andere, die Messing=Siegel machten, geloben. Fremde Siegelgraber durf= ten ohne Wissen und Erlaubniß des Raths in der Stadt weder Siegel noch Stempel graben.

----

## 7. Goldschmiede.*)

Eines der bedeutendsten Handwerke Nürnbergs waren die Goldschmiede. Dasselbe zählte eine große Anzahl Meister, oft 50 und noch mehr; ihre Erzeugnisse gingen durch ganz Deutschland und einen großen Theil Europas und verschafften ihnen großen Wohlstand. Sie machten aber nicht blos Ge= schmeide und kostbare Gefäße; wodurch sie sich besonders auszeichneten, das war die Kunst, Bildwerke zu formen und in Metall zu gießen, künstliche getriebene Arbeiten zu ver= fertigen, Medaillen zu machen, Stempel und Siegel zu gra= ben und Münzen zu prägen. Schon in alten Ordnungen kommen hierauf bezügliche Vorschriften vor, und wie sie es halten sollen, mit den Bildern und dem Geschmelz, die sie an

----

*) S. den vorhergehenden Abschnitt „Eisen= und Siegelgraber".

die Häftlein machten. Sie und die Maler, wie alle übrigen
ehrbaren Gewerke, durften ledige Kinder nicht in die Lehre
nehmen. Im Jahre 1460 fragte die Stadt Ulm bei dem
Rath zu Nürnberg an, ob die Maler und Goldschmiede da=
selbst solche Kinder in die Lehre nehmen. Der Rath rief sie
zusammen und fragte sie. Sie antworteten, sie hätten
nicht vernommen, daß einer unter ihnen ein ledig Kind in
der Lehre habe; wo aber einer es in Geheim thät, das lie=
ßen sich die Andern nit vast bekümmern.

In einer alten Ordnung der Nürnberger Goldschmiede
vom Jahre 1511 heißt es: „sie sollen die goldenen Kleinode,
als Kreuz, Ring und besonders die Kasten der Ring nicht so
fast hohl machen und das nicht mit Wachs ausfüllen, auch die
Häftlein mit so übermäßigem Geschmelz und Glaswerk nicht
behängen oder überziehen, damit der gemein Mann dasselbe
nicht als Gold kaufe. Da allerlei beschwerliche Betrüglichkeit
befunden werde, so sollen sie das Werksilber unter 14 Loth
nicht arbeiten, und das Vergolden der Trinkgeschirre, sowie
die ganz goldenen Ketten und Kleinode ꝛc. nur in der Weis
und auf soviel Karat machen, als die Gesetze anzeigen, die
Gefährlichkeit des Rötelfärbens dabei nicht einmengen und
Messing und Kupfer ohne sichtigen Spiegel nicht vergolden,
auch kein Kupfergeschmeid machen, als da sind Gesperre,
Senkel und Beschläg".

Eine spätere Ordnung vom Jahre 1535 befiehlt ihnen:
„die Bilder oder ander Geschmelz an die Häftlein nicht mit
Glas zufüllen anders dann der Stärk halben Nothdurft ist.
Wann sie die Körner in die Gehäng der Häftlein machen, so
sollen sie die Buckelein anders nit machen dann von Gold
und die auf das dünnste mit dem Glas überziehen, es wäre
dann, daß die Körner so klein wären, daß sie keiner Buckelein
bedürften. Die Füllung der Kasten an den Kleinoden, Häft=
lein und Ringen sollen sie mit Papier machen, und nicht mit

Wachs, ausgenommen die Petschaftringe und andere kleine Ringlein; diese mögen sie mit Wachs füllen. Auch sollen sie die grünen Stein, die bisher den Smaragden gleich geachtet worden, in die Kleinode nicht mehr einsetzen".

Das gewöhnliche Meisterstück, das ihnen aufgegeben wurde, war „ein Agalej Plumen" von Silber, ein goldner Ring mit versetztem Stein und ein Siegel ꝛc. ꝛc., das sie machen und graviren mußten. *)

---

## 8. Zu einer Maler= und Bildschnitzer=Ordnung.

Item auff ansuchen vnd pitt der maister maler vnd bildschnitzer ist ertaylt, durch ein gesetz zuuerpieten, das ainicher derselben künstner, er sey celich oder nicht, so hie nicht burger sein, in diser Stat kain werkstat halten noch ainich werck oder arbayt in besundern zinsen zemachen annemen soll; vnd welcher das thet, oder biejhenen, die Jm darzu herberg geben, sollen dann, so sie fürpracht wurden, vnd sich mit Jrn rechten nit benemen möchten, zu puß geben drey pfundt newer haller alle tag; doch ob derselben ainer ainichem burger in seinem haws vnd prot ettwas arbeyt machen, soll Jnen vnuerpotten vnd Jnen hiemit zugelassen sein. Actum Sabbato vigilia sancti Johannis baptiste 1509.

---

*) Ein geschickter Goldschmied damaliger Zeit war auch Andreas Dürer, der Bruder Albrecht Dürers. Er wurde Meister im Jahre 1514; zog aber später von Nürnberg weg und ließ sich ohne Erlaubniß des Raths in der Stadt Krakau nieder. Daselbst arbeitete er anderthalb Jahre lang; im Jahre 1534 schrieb ihm der Rath zu Nürnberg, Krakau zu verlassen und sein häuslich Wesen in seiner Vaterstadt wieder aufzuschlagen.

## 9. Zu einer Formschneider=, Briefmaler= und Buchdrucker=Ordnung.

Item fürder soll sich kein Formschneider, Briefmaler und Buchdrucker ohne Erlaubniß in der Stadt Nürnberg niederlassen, oder eine Werkstatt aufrichten und für sich selbst etwas drucken, bei einer Straf von 10 fl. Dann nachdem dieser zeit zehen Buchdrucker, fünf Formschneider und siebenzehen Briefmaler allhie seien, ist ein erber Rath gänzlich entschlossen, keinen mehr aufzunehmen, sondern die bestehenden gemach abgehen, und fürder nicht mehr angerichteter Werkstatt in Gang und Würden bleiben zu lassen dan fünf Buchdrucker, fünf Formschneider und sechs Briefmaler; alles aus guten erheblichen beweglichen Ursachen. Actum 28. Juli 1571.

---

## 10. St. Sebalds=Kirche.

Der Thurm der Kirche, namentlich der Theil ob der Sturmglocke, und die Uhrglocke desselben wurden im Jahre 1383 auf Kosten des Raths reparirt. Als die Uhrglocke 1396 zerbrach, ließ der Rath durch Meister Heinrich Grünwalt eine neue gießen. Die große Büchse des Raths war damals auch zerbrochen, und wurde durch denselben Meister ebenfalls neu gegossen. Die Kosten für die Glocke und die Büchse und der Lohn Grünwalts beliefen sich auf 723 fl. und 10 Schil. hl. Er erhielt als Lohn für die Glocke 2 fl. und für die Büchse 3 fl. vom Zentner.

Der Probst Melchior Pfinzing bei St. Sebald erhielt im Jahre 1514 vom Rath die Erlaubniß, die Zwerchmauer zwischen der St. Morizkapelle und der Pfarrkirche abzubrechen.

Er wollte auch ein neues schönes Sacramenthaus über St. Nikolaus-Altar machen und mit besserer Zier versehen lassen. Zu diesem Zwecke hatte er bereits eine bedeutende Summe gesammelt; aber Jacob und Leonhard Groland und Jacob Muffel, deren Vorfahren das alte Sacramenthaus ge=stiftet hatten, gaben es nicht zu; sie wollten die Schilde und das Gedächtniß ihrer Ahnen nicht abthun lassen, und erboten sich, das Sacramenthaus selbst zu zieren.

Im Jahre 1515 erlaubte der Rath dem Michel Beheim, der Cramer Kapellen in St. Sebalds Kirchen am Gewölb und an den Fenstern und Altartafeln restauriren zu lassen. Doch durfte er sein Wappen nirgends anbringen und mußte er die alten Wappen stehen lassen.

Außer Kaiser Maximilian ließen im Jahre 1515 auch Markgraf Friedrich von Brandenburg und mehrere Geschlech=ter der Stadt die von ihren Ahnen gestifteten Glasgemälde zu St. Sebald wieder erneuern. Auch Cosmas Borchtel zu Wien, aus einem der ältesten Geschlechter Nürnbergs stam=mend, wurde damals vom Rathe aufgefordert, das von seinen Vorfahren errichtete Fenster gleichfalls erneuern zu lassen, und zwar innerhalb eines halben Jahres, widrigenfalls dasselbe einem andern Erbern, der es bessern lasse, mit der Bedin=gung überlassen werden sollte, daß oben ein Borchtel=Schild=lein eingesetzt werde.

Am 4. und 7. Juli 1542 wurde im Rathe beschlossen: Nachdem die drei Altäre zu St. Sebald, nämlich der Zwölf=boten=Altar und unser Frauen zwei Altäre, so vorn an den beiden Säulen des Chors, und der mittlere Altar, so zwischen solchen beiden Säulen unten am Chor stehen, merkliche Ver=hinderung gebracht, daß die Leut vor den darauf stehenden Tafeln den Prädikanten nicht wohl sehen, noch das Wort Gottes deutlich hören oder vernehmen könnten, ist beim ge=sammten Rath verlassen, daß die Tafeln von solchen Altären

weg gethan und etwan sonst verwahrt, folgends auch die Al=
täre mit den daran stehenden Stühlen gar abgebrochen, des=
gleichen das Crucifix, das vor dem Predigtstuhl steht, auch
an ein ander Ort, daß es Niemand irrt, gestellt, und solches
alles mit förderlicher Gelegenheit und in Stille noch vor dem
künftigen Reichstag vorgenommen werden soll". Dieser Be=
schluß wurde auch alsbald ins Werk gesetzt; es war ein Glück
für die Erhaltung mittelalterlicher Kunstwerke, daß ähnliche
Beschlüsse des Raths nur vereinzelt vorkamen.

Das von Johann und Georg Stark gestiftete, kunstvoll
aus Messing gegossene Crucifix, das jetzt zwischen den beiden
Thürmen an der Außenseite der Kirche angebracht ist, stand
ehemals zwischen St. Sebalds Pfarrhof und dem Garküch=
lein. In dieser Gegend wurde im Jahre 1542 ein Dolm
oder Wasserkasten zum Röhrbrunnen im Rathhaus gegraben.
Weil das Crucifix im Wege stand und etwas schadhaft
war, ließ man es ausbessern und an das Eck beim Pfarr=
hof der Kirche gegenüber anbringen. Man besann sich
jedoch bald eines Bessern, und versetzte es an den Platz, den
es noch gegenwärtig einnimmt, nämlich an St. Katharina=
Chörlein zwischen beiden Thürmen.

---

## 11. St. Lorenz=Kirche und St. Kunigunden= und St. Anna=Kapellen auf St. Lorenzen=Kirchhof.

Der südliche Thurm der Kirche wurde, wie man ge=
wöhnlich annimmt, im Jahre 1400 erbaut. Er stand aber
schon früher; vielleicht wurde er in diesem Jahre reparirt
oder erhöht. Daß er im Jahre 1383 schon stand, ist urkund=
lich constatirt. Denn damals ließ der Rath auf b e i d e n

Thürmen der Kirche Defen anbringen. In bemfelben Jahre wurde auch die Uhrglocke bei St. Lorenzen „gehohert" i. e. höher gehängt.

Dr. Kunhofer, Pfarrer bei St. Lorenz und „Jurift" der Stadt, hat um den Chorbau der Kirche große Verdienfte; er hat benfelben wohl auch zuerft angeregt. *) Im Jahre 1441 befahl der Rath den Gotteshausmeiftern, Herrn Ulrich Ort= lieb und Chriftian Imhoff, ben Chor zu bauen nach Dr. Kunhofers „wolgefallen", und von dem Vermögen der Kirche zu bemfelben nichts zu verwenden. Die Mittel dazu wurden größtentheils durch freiwillige Beiträge beigeschafft. Dr. Kunhofer als befonderer Förderer des Baues ftiftete für den neuen Chor schon im Jahre 1446 zwei neue Meßpfründen ober Vicarien. Im Jahre 1443 wurde Herr Paulus Vorchtel von Raths wegen zu einem Baumeifter des Chores ver= ordnet.

Im Jahre 1514 wollte eine Jungfrau die St. Kuni= gunden=Kapelle auf St. Lorenzen=Kirchhof **) um 100 Schuhe in bie Länge und Breite „nach der Vierung" burch Meifter Hanns Beheim erweitern laffen, der Rath geftattete es aber nur unter der Bedingung, baß das hintere Vor=

---

*) Er hat sich um Nürnberg viele Verdienfte erworben, eines Theils durch seine Stiftungen und Wohlthätigkeit, andersseits als „Jurift" und Agent der Stadt, beren Angelegenheiten er am Römischen Hof und allenthalben bei Fürften und Herren beforgte. Unter Andern ftiftete er im Jahre 1445 brei Uni= verfitätsftipendien, eines für einen Theologen, das zweite für einen Juriften und das dritte für einen Medizner, beren je= ber fünf Jahre lang je 50 fl. erhielt, sobann bie Anftalt der Büßerinnen im Klofter Pillenreuth, und zu Regensburg, wo er Domprobft war, im Bruderhause 4 Pfründen für arme Priefter. Im Jahre 1438 schenkte er bem neuen Spital zu Nürnberg eine silberne Tafel im Gewichte von 46 Mark.

**) Ift nunmehr abgebrochen.

schüpflein an der Stiegen abgebrochen und „mit gebäu etlicher Steinsäulen durchsichtig" gemacht, werde. Das geschah und die ganze Kapelle wurde renovirt und im Jahre 1519 durch Herrn Endres, Suffragan des Bischofs zu Bamberg, auf Verlangen des Raths geweiht.

Im Jahre 1545 wurde das Portal der St. Anna-Kapelle bei St. Lorenz weggebrochen, weil es alt und baufällig war, und die Kapelle verschlossen, weil bei nächtlicher Weile viel Unwesen und Unzucht am Portale getrieben wurde.

---

## 12. Frauenkirche.

Im Jahre 1385 oder einige Jahre vorher wurde für die Kirche eine kleine Orgel „orgaley" angeschafft. Der Rath zahlte dafür dem Hermann Keßler 100 fl. Im Jahre 1498 machte Meister Burkhart für die Frauenkirche und die St. Lorenzkirche neue Orgeln. Das Portal der erstern wurde im Jahre 1506 mit überzinntem Kupfer gedeckt und beschlossen, die Schlaguhr aus der Kirche herauszubrechen und gemeiner Stadt zur Zier am Thürmlein ob dem Portal aufzurichten.

Die Kirche war in frühern Zeiten vielfach von Häusern umbaut. Zur Erweiterung des Platzes vor derselben ließ der Rath noch im Jahre 1427 3 Häuser niederreißen. Es waren, wie es scheint, die Priesterwohnungen. Dafür wurden den Vicaren die Hofstätten dreier Häuser auf dem Spital-platz „darin sie fürbaß wonen solten" eingeräumt, und im Jahre 1444 auf dem Platze dieser Hofstätten 3 Häuser erbaut, eines für den Spitalprediger und die zwei andern für zwei Priester der Frauenkirche.

Ein schwarzes Mariabild der Kirche, das, wie es scheint, auch nach dem Eintritt der Reformation anbächtige Verehrer fand, ließ der Rath am 8. Oktober 1529 entfernen „der mißbräuch vnb abgötterey wegen".

---

# 13. St. Clara=Kirche und Kloster.

Ihr Altar ist höher, als man bisher annahm, und unter den klösterlichen Instituten Nürnbergs reicht wohl keines so= weit zurück ins hohe Mittelalter als das Claralloster oder vielmehr der Convent der Reuerinen, die bereits im 11. Jahr= hundert im Walde vor Nürnberg sich niederließen und im Jahre 1092 zu Ehren der hl. Magbalena eine Kapelle bau= ten, aus der nachmals die Clarakirche entstand. Den Gottes= bienst in berselben versah ein Einsiedler. Die Gegend, in ber das Kloster jetzt steht, war eine Wildniß und ber nach= malige Klostergarten ein See. Die Trabition des Klosters, bie gegen das Ende des XIII., ober zu Anfang des XIV. Jahrhunderts niebergeschrieben wurde, sagt hierüber: „Wir haben gehört von ainer vnser alt frawen, bie hieß Reilint sechsin, vnb bie waz hvnbert Jar alt vn ain jar; dez sint mer benn L (50) iar, baz bie starb, bie sagt vns, ez wer ber garte als lang bez clesters aigen gewesen vor irn zeiten, baz weber sie noch bie pei ir waren nicht gebachten, baz er waz her kvmen; benn baz sie avch von iren eltern heten gehört, baz zem ersten waz ain see an ber selben stat; vnb ber warb gearbaitet mit bez clesters gvt vnb bienern, baz ain garte bar avz warb. Darnach ober vil iar kom kvnik Chvnrat her (1138), vnb ber aigent vns ben Garten in bez gar alten förchtleins hvbe; bem slvg ber kvnik ainen hantschvhe in sein

hant, da mit aigent er in, vnb da von hat der forstmaister
nichtz uit dar an denn den zehenden" 2c.

In den Jahren 1273 und 1274 wurde die Kapelle
erweitert und ein Chor angebaut: Es dauerte aber bis zum
Jahre 1339, bis die Kirche, die Zellen, Klösterhöfe und
Kreuzgänge vollendet wurden.

Im Jahre 1420 oder 1421 begann man mit dem
Umbau der Kirche, der bis zum Jahre 1428 dauerte. Im
Jahre 1424 wurde das Gewölbe gebaut und im Jahre 1426
ein neues Custerhaus hergestellt.

In den Jahren 1452 bis 1454 wurde ein neues
Klostergebäude i. e. „das slafhaws" oder Dormitorium und
„das rebenter" oder Refectorium gebaut. Die Kosten des
Baues wurden durch freiwillige Beiträge des Rathes und der
Bürgerschaft gedeckt. Der Rath schenkte auch das nöthige
Zimmerholz. Im Jahre 1452 betrugen die freiwilligen Bei=
träge 3996 Pfund 1 Pfenning, ohne die Paramente, die
von Wohlthätern des Klosters hergegeben wurden.

Lienhart von Ploben ließ in der Mitte der Kirche einen
Altar machen, und schenkte dazu auch den Altarstein und
eine Tafel. Am Tag nach St. Tiburtius und Valerianus
1471 wurde er geweiht zu Ehren St. Wolfgangs, St. Pan=
taleons, St. Margaretha, St. Agnes, St. Bernardin und
aller heiligen Zwölfboten. Unser Lieben Frauenaltar erhielt
im Jahre 1474 eine neue Tafel, die die Stadtmaid des
Klosters, Jungfrau Gertraut Mistheckin, um ihr eigenes Geld
machen ließ.

Im Jahre 1475 erforderten die Klostergebäude bedeu=
tende Reparaturen. Zur Bestreitung derselben vermachte
Gerhaus Wirtin dem Kloster ihr ganzes Vermögen; dieses
dagegen gab ihr eine Klosterpfründe.

Nikolaus Topler ließ im Jahre 1481 für St. Magda=
lenen Altar durch einen Bildschnitzer eine Tafel mit den

Bildnissen St. Lazarus, St. Maria Magdalena und St. Martha und oberhalb derselben „zwei stuck von unsers herrn leiden" machen. Auch schenkte er dazu das Fenster mit den Scheiben und die Eisenstangen zu dem Chorgitter bei St. Magdalenen = Altar.

Auf dem Clarakirchhof stand das Pfründhaus und eine Linde, die im Jahre 1508 gepflanzt wurde, und daneben das Haus des Vicars oder Beichtvaters. Hinter dem Kirch= hof und vorn an der Straße stand ehemals ein Holzhäuslein, das der Vicar inne hatte.

---

## 14. St. Egidienkirche.

Im Jahre 1514 wurde dem Abt des Klosters erlaubt, das alte hölzerne Portal hinten an seiner Kirche abzubrechen und dafür ein neues von Steinwerk zu machen und damit den Winkel zwischen dem Portal und der Schule einzufangen.

---

## 15. Die Kirchhöfe zu St. Johannes und zu St. Rochus.

Der Kirchhof zu St. Johannes diente schon in der zweiten Hälfte des XIV. Jahrhunderts bei Sterbsläuften als Begräbnißplatz. Im Jahre 1395 ließ der Rath eine große Truhe anfertigen, darin man die Todten in den Gotts= acker zu St. Johannes führen sollte. Sie kostete 5 Pfund. Im Jahre 1518 und 1519 wurde er erweitert, zu gemeiner

Stadt Leichenacker bestimmt und im Jahre 1519 von Herrn
Endres, Suffragan des Bischofs zu Bamberg, geweiht. Es
war aber noch nicht Jedermann vergönnt, sich einen eigenen
Stein auf diesem Gottesacker legen zu lassen. Das sollte
nur mit besonderer Bewilligung des Rathes geschehen. Eine
solche Erlaubniß erhielt im Jahre 1520 Sigmund Fürer.
Diese Vergünstigung wurde aber bald darauf auf alle Erbern,
und sodann auch auf die übrige Bürgerschaft ausgedehnt, so
daß sich Jedermann auf beiden Gottsäckern, zu St. Johannes
und zu St. Rochus, einen Grabstein legen durfte. Im Jahre
1522 wurde das Maß der Leichensteine festgesetzt, das Niemand überschreiten durfte.

Der Kirchhof zu St. Rochus wurde im Jahre
1518 angelegt und im Jahre 1519 vom genannten Suffragan
des Bischofs zu Bamberg eingeweiht.*) Im Jahre 1518
erhielt Peter Imhof die Erlaubniß, auf diesem Gottesacker
eine Kapelle zu Ehren St. Rochus zu bauen und eine Mo-
vendelmesse darin zu stiften. Meister Hanns Beheim machte
den Plan dazu und führte den Bau in den Jahren 1519
und 1520 aus.

---

# 16. Uhren.

Die Uhrglocken auf den Thürmen zu St. Sebald und
St. Lorenz werden im XIV. Jahrhundert öfters erwähnt.

Die Erfindung der Stock= und Sackuhren oder der sogenannten Nürnberger Stundeneier datirt jedenfalls weiter

---

*) Er weihte zu gleicher Zeit auch den Kirchhof zu St. Lienhart
außerhalb der Stadt und das dortige Pfarr= und Meßnerhaus,
die damals umgebaut wurden.

als in den Anfang des XVI. Jahrhunderts zurück. Denn um das Jahr 1520 waren sie eben keine große Seltenheit mehr. Als sich Kaiser Friedrich im Jahre 1471 zu Nürnberg aufhielt, schenkte ihm der Rath eine Uhr, die Hans Slosser gemacht hatte und wofür dieser 4 fl. 10 Sh. 6 Hl. erhielt. Schlaguhren gab es damals in allen Kirchen der Stadt. Ein tüchtiger Uhrmacher war zu Anfang des XVI. Jahrhunderts auch Endres Osterberger, der unter andern dem Christoph Schenk, Herrn zu Tautenberg, im Jahre 1528 eine Schlaguhr anfertigte.

---

# 17. Albrecht Dürer.

Im Jahre 1509 schickte Dürer dem Churfürsten Friedrich von Sachsen das Bild einer Frau. Auf dem Wege jedoch kam dasselbe abhanden und der Churfürst erhielt nur das leere Schächtelein, in welchem es verpackt war. Als er dieses dem Künstler durch Anton Tucher anzeigen ließ, machte Dürer einen andern Abguß des Bildes, den er sofort dem Churfürsten zustellen ließ. Damals schickte dieser zwei Pfenninge oder Medaillen; eine davon ließ er Dürern überreichen und ihn um Rath fragen, wie sie gegossen werden sollen, damit sie „bestenndig" werden. Dürer antwortete aber, er pflege mit solchen Dingen nicht umzugehen, und könne somit dem Churfürsten keinen genugsamen Bericht geben.

Dürer hat in einer Reihenfolge von 20 Holzschnitten das Leben und die Geschichte der Mutter Jesu illustrirt. Dieses Werk nennt er selbst „Unser Frauen Leben", und es gehört zu dem Vorzüglichsten, was je aus Dürers Hand kam.*) Es ist so recht eigentlich das Produkt des deutschen

*) S. Eye, Leben und Wirken Albrecht Dürers, p. 280 2c.

3*

Geistes, des reichen deutschen Gemüths, mit einem Wort der deutschen Kunst. Das herrliche Werk ist übrigens nicht ausschließlich eine Erfindung Dürers. Dieser hat den Plan dazu bereits fertig vorgefunden und ihn bei der Ausführung mit etlichen Zusätzen bereichert. In der Hauptsache jedoch hat er sich immer an den für ihn entworfenen Plan gehalten. Derselbe findet sich unter den Papieren des Claraklosters, die aus der Zeit vom Jahre 1503—1532 stammen, als Charitas Pirkheimer Abtissin des Klosters war. Der Verfasser, der den Plan angegeben, wendet sich bei jedem neuen Bild an den Maler mit den Worten „Item vnd darnach mal". Es drängt sich auch alsbald die Vermuthung auf, Willibald Pirkheimer habe hier den Plan zu Unser Frauen Leben für seinen Freund Dürer niedergeschrieben. Dagegen erheben sich allerdings einige Zweifel; die Schriftzüge lassen zwar einige Aehnlichkeit mit der Handschrift Pirkheimers erkennen. Ihre Identität jedoch zu behaupten, fällt uns nicht ein. Oder soll es die Handschrift Pirkheimers aus einer früheren Periode seines Lebens sein? Das wäre möglich, zumal die Schreibweise vielfach an das XV. Jahrhundert anklingt. Wie dem auch sei, auf jeden Fall hat Dürer diesen Plan gekannt und seinem Werke zu Grunde gelegt.

Diesem Plane voraus geht ein anderer zu einer bildlichen Darstellung der Legende vom hl. Kreuzstamm, die ebenfalls in einer Reihe von Bildern behandelt und vielleicht in die Dürer'schen Passionen eingeflochten werden sollte. Beide Entwürfe verdienen sicher, Kunstfreunden zur Kenntniß gebracht zu werden. *)

Die von Dürer gezeichneten und von Jeronymus Formschneider geschnittenen Figuren zu dem Triumphwagen des

---

*) S. Beilage I.

Kaisers Maximilian wurden, wie es scheint, schon früher, als man gewöhnlich annimmt, gedruckt. Im Jahre 1518 wurden auf einer Kirchweihe vor den Thoren der Stadt „etliche gedruckte figuren, zu des kaisers triumph gehörig", von einem Landfahrer feilgeboten. Ein Formschneider aus der Stadt, der sie sah und augenblicklich erkannte, machte bei dem Rath Anzeige. Dieser ließ dem Landfahrer die Figuren sogleich abnehmen. Derselbe erklärte, er habe sie von einem Schreiber auf dem Säumarkt gekauft und von diesem das Versprechen erhalten, daß er noch mehrere bringen wolle. Der Rath ließ nach dem Schreiber fahnden und sich durch den Probst Melchior Pfinzing bei dem Kaiser entschuldigen „denn er (Rath) wolle nichts leiden, was Seiner Majestat zu ungefallen vnd beschwerden geübt werde". Daß unter obigem „kaiserlichen triumph" des Kaisers Triumphwagen, und nicht seine Ehrenpforte oder der Triumphzug, der unvollendet blieb, verstanden werden soll, unterliegt wohl keinem Zweifel.

Eine Notiz über des Kaisers Ehrenpforte, die nach Dürers Zeichnungen ausgeführt wurde, dürfte hier am Platze sein. Die Formen zu derselben befanden sich nach des Kaisers Tod in den Händen des berühmten Formschneiders Hieronymus (Resch?), der sie geschnitten hatte. Erzherzog Ferdinand, der Enkel des Kaisers, hatte die Absicht, die Ehrenpforte vollenden zu lassen. Am 6. März 1526 schrieb er von Augsburg aus an den Rath zu Nürnberg, dieser soll mit dem Formschneider Hieronymus unterhandeln, daß er nicht blos die zur Ehrenpforte gehörigen, sondern auch alle übrigen dem Kaiser zuständigen Formen, die er ebenfalls noch in Handen habe, an den Rath ausliefere. Dieser soll sodann die Formen seinem Niederösterreichischen Kanzler, Marx Treytsaurwein, der von ihm Befehl habe, „solch Werk dannen zu richten" wohlverpackt zusenden. Denn er wolle das Werk, das sein Ahnherr zu einer löblichen Gedächtniß aufzurichten

angefangen, ganz und gar vollenden. Dem Formschneider werde
er bezahlen, was man ihm schuldig sei. Dieser nämlich und,
wie es scheint, auch Dürer hatten für ihre Arbeiten noch
bedeutende Ausstände zu fordern. — Der Rath ließ den
Formschneider rufen; dieser erklärte, daß er allerdings etliche
fertige Formen zu des Kaisers Triumph und Ehrenpforte in
Handen habe, aber bis jetzt weder die ausständige Belohnung
für seine Arbeit, noch das zu derselben dargeliehene Geld
habe erhalten können. Ein Rath möge ihm daher zu dem
verdienten Lohn und zu seinem Geld verhilflich sein. Dies
zeigte der Rath am 28. März 1526 dem Niederösterreichischen Kanzler mit den Worten an: „Jeronymus sey ein sonder
verstendiger künstner, der auch in diesem werk vor andern im
Reich berühmt werde und vom kaiser und seinen befehlhabern
zu solcher arbeit viel gebraucht sey. Von andern künstnern
zu Nürnberg (Dürer), so gelegenheit der Ehrenpforten wissen und die meiste arbeit daran gethan haben, werde einem
Rath im Vertrauen und außerhalb Jeronymus berichtet, daß,
wolle der Erzherzog solches Werk zu End bringen, dieses
ohne Zuthun, Arbeit und Hilf des Jeronymus schwerlich geschehen könne. Das werde die Zeit mit der That anzeigen.
Er (Rath) zweifle nicht, der Kanzler werde dem Jeronymus
und Andern, so diesem werk getreulich vorgestanden, zu aller
billigen Fordrung geneigt sein. Jeronymus erbiete sich, die
Formen zu des Kanzlers Hand und Gewalt zu fertigen. Doch
möge man ihm vorher den verdienten Lieblohn und das bar-
geliehene Geld verschaffen. Kanzler möge daher ein günstiger
Förderer sein, nicht blos dem Jeronymus zu gut, sondern
auch damit das werk eine schleunige Endschaft erlange. —
Die Formen wurden dem Kanzler ausgeliefert. Dieser schickte
sie nach Wien. Später kamen sie nach Grätz in den Besitz
des Erzherzogs Karl von Steyermark. Nachmals wurden sie
im dortigen Jesuiten-Collegium aufgefunden und in die kai-

ferliche Hofbibliothek nach Wien abgeliefert. Hier werden sie noch verwahrt.

Im Jahre 1520 ging der Rath damit um, „zu einer tapfern ansehenlichen Müntz etliche Eysen graben vnd machen zelaßen. Des ist vns auch ytzo durch albrechten Dürer mit Rath wilbelden Birckhaimers ein sauber vnd mercklich sisir gestellt". Diese Zeichnung Dürers wurde in Holz geschnitten und ein Abbruck davon an den Rathschreiber Lazarus Spengler geschickt, der sich dazumal in des Raths Geschäften zu Augsburg aufhielt. Denn Dürer und der Rath wollten wissen: Erstens, ob der Römischen und Hispanischen königlichen Mayestät Namen und Wappen zu oberst in der Zahl 19 im Abbrucke recht stehen und recht gemacht seien und in solcher Ordnung nacheinander gehen, oder ob daran in Einem oder mehr Mangel erscheine. Zum andern, ob es mit den zwei Säulen, zwischen welchen eine Kron gesetzt ist, sammt der durchgezogenen Schrift mit den Worten „Reich weiter" ein Grund hab,*) und bei königlicher Mayestät die Manier und Gebrauch sei, daß in diesem oder sonst seiner Mayestät zu Ehren die Säulen dermassen gemacht und darüber solche Wort gesetzt werden, und ob es auch also an dem Hof und in Seiner Mayestät Königreich zu Hispanien ein gemein Sprichwort sei; und zum Dritten, wie des Reichs Adler jetzo gemacht werden soll, ob in der Mitt auf des Adlers Brust allein die Wappen Oesterreich und Burgundi, oder Oesterreich auf einer, und Hispanien auf der andern Seiten in kleine Schiltlein sollen gesetzt werden. Spengler soll in Augsburg, namentlich bei Johann Stabius, Erkundigung darüber ein=

---

*) Die Säulen des Hercules mit der Ueberschrift „Non plus ultra", die Spanien nach der Entdeckung Amerikas und der Erweiterung seines Gebietes abänderte in die Worte „Plus ultra".

ziehen, aber sich nichts merken lassen, wozu er diese Angaben
brauche.

Wenn man ihn um den Zweck frage, soll er nur für=
wenden „wie itzo mancherley gepew vnb gemelb auff der vesten
vnb auch an vnnserm Rath=Hauß alhie geschehen". Er soll
dann alles ordentlich verzeichnen und dem Rath fürderlichst
zuschicken. Als Spengler seinen Auftrag vollzogen, wurden
nach Dürers Zeichnung zwei Münzeisen mit des Kaisers
Bildniß und mit den Wappen des Reichs und der kaiserlichen
Erblande und Königreiche angefertigt, und die Münzen ge=
prägt. Es war des Raths Absicht, mit einer Anzahl der=
selben „daran nicht der werdt, sonder die arbait vnd kunst
anzusehen ist", den Kaiser zu verehren, wenn er auf den nach
Nürnberg angesetzten Reichstag kommen werde. Der Reichs=
tag aber kam der Sterbsläufte wegen nicht zu Stande. Der
Rath wollte im Jahre 1521 dem Kaiser die Münzen nach
Worms schicken. Aber auch das unterblieb, wie es den An=
schein hat.

Dürers Werke, namentlich sein Buch über die Perspek=
tive, wurden in Frankreich nachgedruckt und von da aus in
Deutschland und den Niederlanden und sonst nach allen Rich=
tungen verbreitet. Die Bemühungen des Raths, ihre Ver=
breitung zu hindern, scheint nicht besondern Erfolg gehabt zu
haben. Im Jahre 1533 klagte die Wittwe Dürers aber=
mals über diesen Nachdruck und welcher Schaden ihr daraus
entstehe. Der Rath ließ in ihrem Namen eine Bittschrift an
den König Franz von Frankreich um Unterdrückung des Nach=
druckes aufsetzen, und schickte dieselbe unterm 3. Juni an den
König ab. Diese Bittschrift begleitete der Rath mit einem
eigenen Schreiben, worin er dem Künstler eine ausgezeichnete
Lobrede hielt. *) Es sei seine (des Raths) Pflicht, für das

---

*) S. Beilage II.

Wohl aller seiner Untergebenen zu sorgen, namentlich aber sein Wohlwollen und seine Sorgfalt denjenigen zuzuwenden, die sich durch ihre Verdienste oder ihre Lage ein besonderes Anrecht darauf erworben haben. Zu diesen gehöre Dürer und die Klage seiner Wittwe, die durch fremde Ungerechtigkeit in Schaden und Nachtheil gebracht werde. Der Name Dürers allein schon lege ihm die Pflicht auf, seiner Wittwe beizustehen. Durch seine hohen geistigen Anlagen und durch die Vortrefflichkeit seiner Werke habe sich Dürer nicht nur die Liebe Aller erworben, sondern auch den Ruhm seiner Vaterstadt nur noch mehr erhöht und verbreitet. Es wäre Undank gegen den Todten, wollte er seiner Wittwe sich nicht annehmen. Der Ruhm, den der Künstler sich und seiner Vaterstadt erworben, wolle er (Rath) nicht verdunkeln lassen. Der König habe der Stadt Nürnberg in wichtigen und andern Angelegenheiten unzählige Wohlthaten erwiesen; derselbe möge daher auch die Bitte der Wittwe Dürers, dieses vortrefflichsten Künstlers, gnädig erhören.

Als Churfürst Maximilian von Bayern im Jahre 1627 vom Rath zu Nürnberg das berühmte Dürer'sche Gemälde der sogenannten vier Temperamente verlangte, schickte dieser dem Churfürsten, um ihn von seinem Verlangen abwendig zu machen, auch den Rechnungsertract über das dem Künstler für das Gemälde gegebene Geldgeschenk. *) Diesen Ertract fälschte der Rath durch den Zusatz „zu seiner gedächtniß zu behalten vnd in fremde Hand nicht kommen zu lassen". — Am 27. August 1627 schickte der Rath dem Churfürsten das Gemälde. **)

Der Maler Georg Gärtner machte damals Copien der vier Temperamente. Eine schickte er nach Wien an einen

---

*) S. Baader, Beiträge zur Kunstgeschichte Nürnbergs S. 14.
**) S. Beilage III.

kaiserlichen Kammerherrn, dem er ein Altarbild malte. Eine andere soll er an fremden Orten feil geboten haben. Der Rath stellte ihn darüber zu Rede. Gärtner antwortete, er habe die Copie nicht von Dürers Bild, sondern nach seinen in Kupfer gestochenen Aposteln „nach Dürers Humor und Phantasie" gemacht. Die andern Copien, die er mit Erlaubniß des Raths nach dem Originale für den Domprobst (zu Bamberg?) angefertiget, seien dem Originale nicht gleich. Sie seien ihm zurückgeschickt worden, und er wolle sie nebst den Pausen, die er noch in Handen habe, dem Rathe aushändigen. Churfürst Maximilian verehrte dem Rath als Gegengeschenk sein Bild „in Gold".

In dem Schreiben des Raths und Wolfs Löffelholz an den Churfürsten, der im Jahre 1612 den von Dürer gemalten Flügel-Altar der Katharinakirche verlangte, wird wiederholt versichert, daß in den Kirchen Nürnbergs von Dürers Hand kein Gemälde mehr vorhanden sei.

Hier möge noch die Bemerkung Platz finden, daß eine Malerin Christina Wolgemutin, Wittwe, noch im Jahre 1526 lebte. Wenn sie die Wittwe Michael Wolgemuts, des Lehrmeisters Albrecht Dürers, war, so war sie sicher nicht die erste, sondern die zweite oder dritte Ehefrau des im hohen Greisenalter 1519 verstorbenen Künstlers. Sie hatte einige Anforderungen an den Abt zu Münchaurach und an den Markgrafen Casimir, der die Schulden desselben übernommen hatte, zu machen. Der Rath unterstützte sie hierin und spricht von ihren Kindern und ihrem „großen Unvermögen".

## 18. Peter Vischer.

Peter Vischer wurde im Jahre 1489 als Meister auf=
genommen. Er und der Bildschnitzer Simon Lamberger wur=
den im Jahre 1494 vom Churfürsten Philipp von der Pfalz
eingeladen, nach Heidelberg zu kommen und ihm mit ihrem
Rath und „Handwerk" zu dienen. Auf Zureden des Raths
ließen sie sich herbei, einige Zeit bei dem Churfürsten zu
bleiben und für ihn zu arbeiten.

Kaiser Maximilian ließ im Jahre 1513 von Peter Vischer
mehrere Werke zu seinem Grabe gießen. Kaspar Nützel, Nürnber=
gischer Gesandter bei dem Schwäbischen Bund und auf den
Reichstagen, erhielt von ihm den Auftrag, den Künstler zur Eile
anzuhalten. Mitte Juni 1513 erstattete Nützel dem Kaiser
folgenden Bericht: „daneben hab ich mich auch allspald zu
maister Peter Vischer gefügt vnd bey demselben erfunden, das
er gantz genaigt ist vnd des euntlichen verhabenden gemüts
ist, in dem angesangen euer kaiserlichen Maiestat werk mit
teglicher arbait, sovil dieselbe, auch gelegenhait der zeyt ymmer
erleyden will, fürzufarn vnd der pild ains, darzu er den form
hat gantz zugericht, in dreyen wochen den nächsten vngeuerlich zu
gießen, vngezweifelter zuuersicht, solches werk werd euer kai=
serlichen Maiestat zu sonndern gefallen raichen. Darinnen,
auch in annder nachuolgenden arbait dieses werks ich kains
wegs vnnderlassen wurd, gedachten maister Peter mit höchstem
ernst zubeiagen; will auch euer kaiserlichen Maiestat vedes=
mals gelegenheit diser arbait, wann die gegossen vnd wie
sich sonnst die sachen deshalben schicken, zur Notdurfst be=
richten".

Als dem Rath im Jahre 1536 gemeldet wurde, daß
Pfalzgraff Ott Heinrich das von Vischer verfertigte zierliche
Messinggitter zu seinem Neubau zu Neuburg begehren wolle,
erneuerte er eiligst den frühern Beschluß, dasselbe im Stadt=

gerichtsſaale des Rathhauſes „zu einer zier vnb ſchönheit"
aufzuſtellen. Das dazu nöthige Geld wurde mit dem Bei-
ſatze bewilligt, man müſſe dem Pfalzgrafen zuvorkommen; denn
man könnte ihm ſonſt das Gitter nicht verweigern, und müßte
ihm dann daſſelbe umſonſt gegeben werden.

Viſchers gleichnamiger Sohn, Peter Viſcher der Jün-
gere, Rothſchmied und Künſtler wie ſein Vater, wurde im
Jahre 1527 auch bei dem Handwerk der Fingerhuter als
Meiſter aufgenommen. Dieſes Handwerk und jenes der
Rothſchmiede waren damals noch vereinigt; ſpäter wurden ſie
getrennt.

___

## 19. Veit Stoß. *)

Die Vermuthung, Veit Stoß ſei ein geborner Nürn-
berger, wurde ſchon bei früherer Gelegenheit ausgeſprochen. *)
Weitere Nachforſchungen haben ergeben, daß dem wirklich ſo
ſei, und Stoß nicht aus Polen, ſondern aus Nürnberg ſtamme.
Den Beweis liefern die ſtädtiſchen Bürgerverzeichniſſe des
XV. Jahrhunderts, die vollſtändig vorhanden ſind. Sie ſind
amtlich angefertigt und enthalten die Namen aller neuauf-
genommenen Bürger, die nicht ſchon durch ihre Geburt das
Bürgerrecht erworben hatten. Unter dieſen nun kommt Veit
Stoß nicht vor. Die Bürgerverzeichniſſe enthalten aber auch
in beſtimmten Zwiſchenräumen die Namen ſolcher Bürger,
die ihr Bürgerrecht aufgegeben haben und ausgewandert ſind.
Unter dieſen erſcheint auch Veit Stoß, der im Jahre 1477

___

*) S. Baaber, Beiträge zur Kunſtgeſchichte Nürnbergs, S. 14,
und Anzeige für Kunde der deutſchen Vorzeit, 1860 Nr. 11.

sein Bürgerrecht aufgab und den gewöhnlichen Revers aus=
stellte, daß er wider die Stadt weder sein noch thun, und
alle ihre Geheimnisse, die er wüßte, bewahren wolle. Das
gelobte er eidlich. Wäre Stoß nicht schon durch seine Geburt
Bürger zu Nürnberg gewesen, und erst aus der Fremde zu=
gewandert, so müßte seine Bürgeraufnahme in den Verzeich=
nissen vorgetragen sein. Das ist aber nicht der Fall, und
somit gehört er Nürnberg schon durch seine Geburt an. —
Er ist wahrscheinlich der Sohn des Gürtlers Michel Stoß,
der im Jahre 1415 die Bürgeraufnahme zu Nürnberg erhielt.
Veit Stoß mag zur Zeit, als er im Jahre 1477 sein Bür=
gerrecht aufgab und nach Polen zog, ungefähr 40 Jahre alt
gewesen sein. Im Jahre 1496 kehrte er wieder nach Nürnberg
zurück; für seine Wiederaufnahme zahlte er 3 fl. Rheinisch.

Veit Stoß hatte einen Prozeß mit seinem Schwiegersohn
Jörg Trummer. Die Gerichte der Stadt erkannten gegen
Trummer und erklärten dessen Appellation für unstatthaft.
Nach seiner Entfernung aus der Stadt hielt sich Trummer
bei den Gebrüdern Herman und Theodor den Reitejeln zu
Eysenbach, Erbmarschallen zu Hessen, bei den Grafen von
Hanau und andern Herren auf. Er beschuldigte den Rath
dieser habe ihm die Appellation gegen Stoß verweigert, und
kündete Nürnberg Fehde an. *) Stoß wurde auch von den

---

*) Er hatte es namentlich auf die Nürnberger Kaufleute abge=
sehen. Im Hessischen warf er mehrere derselben nieder. Im
Jahre 1510 stand er an der Spitze von 40 Mann zu Roß.
Mit diesen hielt er die Nürnberger, die von der Frankfurter
Messe nach Leipzig zogen, in dem Augenblicke, als sie aus des
Grafen von Hanau Geleite in jenes der von Hutten kamen,
auf, und plünderte die sieben Wagen mit Kaufmannsgütern,
die sie bei sich hatten. Als Beute erhielt jeder Mann bei
50 Ellen lundisches Tuch, 4 Ellen Sammet und 2 Loth Per=
len. Der Pfeffer und die übrigen Spezereien, die sie fanden,
wurden „versähnelt“ und verschüttet.

genannten Erbmarschälken verklagt, daß er sie „mit Beschul=
bigung angetastet, berüchtigt und verklagt habe". Er läugnete
dieses, und erbot sich zu Recht auf das Stadtgericht zu Nürn=
berg oder auf das kaiserliche Kammergericht. Die Erb=
marschalke verlangten von ihm 60 fl.; Stoß verweigerte
sie ihnen.

Stoß war bei mehreren Handelsunternehmungen bethei=
ligt und hatte namentlich von Hanns Starzebel zu Breslau
mehreres zu fordern. Der Rath verwendete sich deshalb in
den Jahren 1525 und 1526 wiederholt für ihn bei der
Stadt Breslau und bei Herzog Karl von Münsterberg. Nach
seinem Tode schickten seine Testaments=Executoren im Jahre
1534 eigene Boten nach Siebenbürgen, Ungarn, Böhmen und
Polen, wahrscheinlich um seine Forderungen geltend zu machen
oder Aufschluß zu erhalten über die Niederlagen seiner Bil=
der und Waaren.

Sein Sohn, der Carmelitermönch Dr. Andreas Stoß,
den der Rath nach dem Eintritt der Reformation aus der
Stadt vertrieben hatte, verlangte im Jahre 1525 ein Leib=
gebing aus des Klosters Gut. Der Rath schlug ihm seine
Bitte ab. — Die Tafel, welche Veit Stoß ins Carmeliter=
Kloster gemacht hatte, ließ der Rath seinem Sohne Florian
Stoß und dessen Schwager Sebald Gar im Jahre 1543 „in
ansehung ihres Vnuermügens vnd das sie ir bestes damit
schaffen" wieder aushänbigen.

---

## 20. Sebald Beheim, Gießer und Rothschmied.

Derselbe war ein berühmter Former und Erzgießer.
Hauptsächlich aber beschäftigte er sich mit dem Gießen großer

Feld- und Belagerungsgeschütze. Im Jahre 1499 machte er
für Herzog Heinrich den Aeltern von Braunschweig etliche
Büchsen und Büchsengeschosse, erhielt aber kein Geld, so daß
er den Rath um eine Fürschrift anging und den Herzog um
Bezahlung anhalten ließ. Im bayerischen Krieg vom Jahre
1504 verbot ihm der Rath, ohne sein Wissen und Erlauben
für Fremde Büchsen zu machen.

Sebald Beheim hatte an Cunz Helfer einen geschickten
Gehilfen und Diener „den er bey dem handwerk auffgezogen
vnd vor andern in seiner kunst vnterrichtet hatte". Er ließ
denselben im Jahre 1506 dem Churfürsten Friedrich zu
Sachsen zu allerlei Arbeiten. Im Herbste 1507 wollte der
Churfürst den Helfer abermals und zwar für immer haben.
Das gab aber Beheim nicht zu „das wurd eine ganze zer-
rüttung seines handels und handwerks bringen, da Helfer in
der kunst vnd arbeit des formens vnd gießens vor andern
vnterrichtet, vnd er selbst mit tapfern alter vnd schwere des
leibs beladen sey". Helfer selbst erklärte, es sei ihm „der
luft an den orten der churfürstlichen lande, auch die speis
vngewöhnlich vnd widerwertig, so das ihme aus verhinderung
seines leibs ehaft daselbst zu wonen nit wollt füglich sein,
auch dann nicht, wann Meister Sebald seinen willen dazu
gebe". Anton Tucher, durch den der Churfürst diese Ange-
legenheit betreiben ließ, setzte diesen von der Weigerung Beheims und Helfers in Kenntniß.

Im Jahre 1510 schickte der Churfürst dem Meister
Sebald ein Muster zu einigen Mörsern. Einer davon sollte
14 Zentner schwer werden. Beheim erbot sich, denselben
in fünf Wochen fertig zu machen. Für den Zentner verlangte er 9 fl.

Als Erzgießer kommt um diese Zeit noch vor Jerg
Beheim; vielleicht war er ein Sohn Sebald Beheims.

## 21. Andreas Pegnitzer, Erz- und Büchsengießer.

Dieser war vielleicht ein Sohn des Büchsenmeisters
Hanns Pegnitzer, der im Jahre 1466 auf 10 Jahre in die
Dienste des Raths zu Nürnberg trat, und berühmt als Erzgießer, namentlich aber als Büchsengießer. „Damit er mit
seiner konst vnd arbeit bey der stat bleibe", lieh ihm der
Rath im Jahre 1511 500 fl. aus der Losungsstube. Dafür
verpfändete Pegnitzer sein Haus bei St. Clara. Vielleicht
wurden von ihm auch die 4 Hauptstück gegossen, die der
König von England im Jahre 1512 zu Nürnberg gießen
ließ. Kaiser Maximilian ließ diese vier Stücke zu eignen
Handen nehmen, indem er dem Rath in einem aus Speyer
datirten Schreiben vom 22. November 1512 befahl, dieselben seinem Abgeordneten ausfolgen zu lassen; er bedürfe
ihrer. — Im Jahre 1513 goß Pegnitzer für den Abt Hart-
mann von Fulda, im Jahre 1519 für den Grafen Wilhelm
von Henneberg mehrere Geschütze und Schlangenbüchsen. —
Im Jahre 1519 erhielt er „von eines rats Widerwertigen"
mehrere Bestellungen auf Geschütze; der Rath handelte aber
mit ihm, daß er diese Arbeit unterließ. — Im Jahre 1521
erhielt er die Erlaubniß nach Augsburg zu gehen und dieser
Stadt etliche Stücke zu gießen. Er wurde nach einiger Zeit
wieder zurückgerufen, „um die zwu scharpf metzen" zu gießen,
die der Rath schon vor seiner Abreise bei ihm bestellt hatte.
Er goß sie und ging dann wieder nach Augsburg. Um diese
Zeit wollte er anderwärts Dienste nehmen. Der Rath bewog ihn aber zum Bleiben durch ein jährliches Wartgeld von
50 fl. — Im Jahre 1523 wurde er der Stadt Nördlingen
geliehen, um ihr Geschütz zu gießen. — Im Jahre 1536
lieh ihm der Rath abermals 200 fl. Pegnitzer gab
am 21. April 1534 sein Bürgerrecht auf und zog nach
Culmbach zum Markgrafen Albrecht. Sein gleichnamiger

Sohn aber blieb und wurde anstatt seines Vaters Hauptmann.

Die Büchsenmeister damaliger Zeit bedienten nicht nur das Feld- und Belagerungsgeschütz; sie gossen es auch, und machten alle Zugehörung dazu, namentlich das Pulver. In der Anlage von Festungswerken waren sie gleichfalls erfahren.

Unter den frühern Büchsenmeistern der Stadt Nürnberg war besonders Meister Heinrich Grünwald berühmt. Wahrscheinlich war er es, der die große Büchse goß, die der Rath im Jahre 1383 machen ließ. Das dazu verwendete Kupfer, Eisen und Zinn und der Lohn des Büchsenmeisters kostete die Stadt 173 Pfund 12 Schilling Haller und der Schuß, den der Herzog daraus that, 5 Pfund 5 Schilling Haller. Im Jahre 1396 zerbrach die Büchse und Meister Heinrich goß sie von Neuem. Er lebte noch im Jahre 1426: da wollte er vor seinem Tode dem Rathe noch eine neue Büchse machen. Dieser war damit einverstanden, und Meister Heinrich goß eine neue Büchse, die 17 Centner weniger 22 Pfund wog. — Ueberhaupt wurden in Nürnberg schon in alten Zeiten Geschütze von sehr großem Kaliber gemacht. Zum Zuge gegen die Hussiten stellte die Stadt im J. 1422 eine Büchse, die 2 Centner schoß. — Der Büchsenmeister Paul, der Mönch genannt, goß im J. 1435 eine Büchse, die 57 Centner wog. Im nächsten Jahre schickte man ihn nach Augsburg, um das „ehern werfend Werk" zu besehen, das der dortige Rath machen ließ, und das einen Stein im Gewichte von 5½ Centner schoß. — Als die Nürnberger im Bayerischen Krieg 1504 vor Altdorf und Neumarkt zogen, hatten sie unter anderm Geschütze auch drei sogenannte Hauptstücke: die Eule, die 220 Pfund, den Falken und die Bischerin, die 100 Pfund, und drei große Karthaunen, die eiserne Kugeln im Gewichte von 64 Pfund schossen. Eines der Hauptstücke stellten sie 200 Schritte vor den Mauern Altdorfs auf, und die abgeschossene Kugel drang durch die Mauer mitten in die Stadt.

Handbüchsen kommen zu Nürnberg zum erstenmal vor im J. 1397; damals kaufte der Rath eine Handbüchse um 11 Schilling Haller. Diese Geschosse verbreiteten sich schnell. Bereits im Jahre 1423 ließ Paul Vorchtel 200 kleine Handbüchsen und 50 Bockbüchsen für den Rath anfertigen.

Wie die Künste überhaupt ihre beste Pflege fanden in den Reichsstädten, so gebührt diesen in der Regel auch der Ruhm der Erfindung und Verbesserung der Feuerwaffen und anderer Kriegswerkzeuge. Der Gebrauch der Feuerkugeln, die aus Geschützen gegen belagerte Orte abgeschossen wurden, findet sich bei dem Heerwesen der Reichsstadt Nürnberg schon sehr frühe. Im Jahre 1424 schoß Meister Conrad von Ulm der Büchsenmeister zu Nürnberg mit „fewer" aus den Büchsen, und 1426 machte Peter Rab der Büchsenmeister 14 Büchsen und 3 hölzerne Werk, „daraus man scheußt". Meister Con=rab der Zimmermann verfertigte dem Rath im J. 1442 zwei Muster zu einer werfenden Bleiden (Schleuder) und einer schiebenden Leiter 2c.

## 22. Jorg Glockendon.

Er trieb Handel mit Kalendern, wozu er die Bilder schnitt. Im Jahre 1510 verkaufte er um 58 fl. an Michel Kempf, Spitalmeister des St. Annaspitals zu Ofen. — Am 19. November 1530 erhielt er vom Rath ein Privilegium, daß man die von ihm in Holz geschnittene Hirschjagd inner=halb eines Jahres nicht nachschneiden soll.

In der Künstlerfamilie Glockendon erscheint auch eine Malerin, Namens Kunigund Glockendonin; sie beschäftigte mehrere Malergesellen; einige davon, die ihr schuldig waren, gingen nach Ulm, ohne sie vorher zu bezahlen. Sie klagte dies im Jahre 1518 dem Rath, und dieser schrieb an Ulm, man möge jene Gesellen anhalten, die Malerin zu bezahlen.

---

## 23. Der Briefmaler Hanns Guldenmund.

Auch dieser trieb Handel mit den von ihm verfertigten Bildern. Im Jahre 1513 wurde ihm eine große Anzahl derselben zwischen Böhmischbrot und Kuttenberg genommen und beschädigt. Im Jahre 1521 druckte er „ein schändlich gemel vnd form, do Henrich Pölerla mit einer hinter sich ragenden Feder gleich den Schweizern auf einer kuh sitzt". Das Bild erschien mit seiner Namensunterschrift. Er wurde auf einen versperrten Thurm gesetzt, und mußte geloben, die unverkauften Bilder zu eines Raths Handen und auf das Rathhaus zu bringen, damit man sie abthue. Dem Maler und Formschneider, die das Bild gerissen und geschnitten, wurde „eine sträfliche red" gesagt. Zu dem Büchlein des Predigers Osiander über den Fall des Papstthums machte Guldenmund die Bilder und Hanns Sachs die Reime. Der Rath verbot im J. 1527 dem Osiander den Druck und die Verbreitung solcher Büchlein und Bilder. Guldenmund mußte den vorhandenen Vorrath der Büchlein und die Form zu den Bildern auf das Rathhaus abgeben und geloben „solchen Drucks künftig müßig zu steen". Hanns Sachs erhielt die Weisung, des Schuhmachens und seines Handwerks zu warten. Er soll sich enthalten, künftig Büchlein oder Reime ausgehen zu lassen. Das sei seines Amtes nicht. Für diesmal wolle ein Rath die Strafe bei sich behalten. Jeronymus Formschneider, der zu dem Büchlein auch geholfen hatte, wurde in Pflicht genom= men\*). — Die Form zu den Bildern der Prophetien wurde Gulbenmund später wieder zugestellt, nachdem sich heraus= gestellt, daß ein solcher Druck schon vor viel Jahren ausge= gangen; die Büchlein aber behielt der Rath; man gab ihm dafür 12 fl. in Betracht seiner Armuth und seiner vielen kleinen Kinder. Zugleich erhielt er die Erlaubniß, die Bilder nach der Form wieder abzudrucken; aber das, was Osiander und Hanns Sachs dazu gemacht, soll er nicht mehr drucken\*\*).

Im Jahre 1530 ließ er die „Contrafactur" der Be= lagerung Wiens drucken. Das wurde ihm aber verboten, weil man schon dem Maler Nikolaus Meldeman „der mit schweren kosten darnach gezogen" die Anfertigung eines solchen Gemäldes zugesagt hatte. Auch mußte Gulbenmund „die möbel zur visirung der belagerung Wiens" dem Rathe zu Handen stellen und geloben, ohne Erlaubniß nichts davon ausgehen zu lassen. Meldeman dagegen erhielt von dem Rath= schreiber Lazarus Spengler einen Vorschuß von 50 fl. „um die aufgerissen belegerung wiens zu verfertigen vnd im Druck ausgeen zu lassen". Meldeman verehrte sodann dem Rathe „eine sauber ausgestrichen contrafactur, wie der Türk Wien belagert", nebst einigen anderen Bildern, darunter „die tugent des alters". Dafür erhielt er ein Ge= schenk von 6 fl.

---

\*) S. Soden Beiträge zur Geschichte der Reformation 2c. S. 279.

\*\*) Als im J. 1523 unter dem Rathhause viele Briefe, Gemälde und Büchlein feilgehalten wurden, die gegen Papst und Kaiser und gegen den König von England gerichtet waren, verbot der Rath gleichfalls den Verkauf derselben. — Ein Malergeselle Namens Sebolt wurde im J. 1521 vier Tage und Nächte auf einen Thurm gesperrt, weil er einem Prediger den Schimpf zugerufen „derselb predige das Evangelium als ain böswicht".

Im Jahre 1535 fand man bei Gulbenmund „etliche schändliche vnd lesterliche büchlein mit vnzüchtigen gemelen von vnordentlicher lieb". Das wurde dem Rath hinterbracht, Gulbenmund aber antwortete, er habe die Büchlein vom Form= schneider Hanns Schwarzenperger zu Augsburg erhalten. Er habe sie nach Frankfurt und Leipzig mitgenommen und in letzterer Stadt alle verkauft. Auch gab er an, daß die Form noch im Besitze Schwarzenpergers oder seines Vetters sei. Gulbenmund wurde gestraft. Der Rath bat die Stadt Augs= burg, ihm eines der Büchlein mitzutheilen „nit darumb, das wir des zusehen begirig" sondern um mit weiterer Strafe gegen Gulbenmund einschreiten zu können.

## 24. Georg Penz und die Gebrüder Sebald und Barthel Behaim, oder „die gottlosen Maler".

Diese drei Maler wurden im J. 1524 wegen Verbrei= tung deistischer Ansichten vor Gericht gestellt. Sie erklärten, daß sie weder von Christus, noch von den Sakramenten der Taufe und des Altars etwas halten, daß sie der Schrift nicht glauben können, und auch keine Obrigkeit anerkennen „denn allein Gott" *). Sie wurden in's Gefängniß geworfen und sodann aus der Stadt verbannt, weil sie sich so ganz gottlos und heidnisch erzeigt hätten**).

Im Frühjahre 1525 bat Penz den Rath, ihm die Strafe der Verbannung zu mildern. Weil er Reue zu erkennen gab,

---

*) S. Beilage III.
**) S. Jörg, Deutschland in der Revolutionsperiode von 1522 bis 1526. S. 137.

gestattete ihm der Rath, sich zu Windsheim niederzulassen. Jedoch soll er sich hüten, nach Nürnberg oder in sein Gebiet zu kommen, oder die geschworne Urfehde in irgend einem Punkte zu übertreten. Am 28. Mai 1525 entledigte ihn der Rath seines Bürgerrechts und aller Pflichten. Später jedoch ward ihm die Rückkehr gestattet.

Nach seiner Rückkehr erhielt er im J. 1532 eine Bestallung „einem rate zugewarten mit seiner kunst zum reißen, malen vnd visirmachen", und dazu ein jährliches Wartgeld von 10 fl. Dasselbe wurde ihm „aus angezaigter not" vorausbezahlt. Im Jahre 1538 vergoldete er die Leisten zu Dürers Gemälde der vier Temperamente. Der Rath zahlte ihm dafür 15 fl. rheinisch. — Im Jahre 1548 verehrte er dem Rath „ein künstliches gemäl St. Hieronymus Bild", das in der Moritzenkapelle noch zu sehen ist. Dafür erhielt er ein Geschenk von 80 fl. Er starb sehr arm und hinterließ Weib und Kind in großer Dürftigkeit, so daß der Rath im J. 1550 60 fl. bezahlte, die Penz einer Vormundschaft schuldig war.

----

## 25. Jorg Heuß der Schlosser und Uhrmacher.

Als er im J. 1509 die künstliche Uhr über dem Portal der Frauenkirche gemacht hatte, bestellte ihn der Rath als Wartmann der Uhren auf den Thürmen der Pfarrkirchen zu St. Sebald und St. Lorenz und auf den übrigen Schlagthürmen der Stadt. Als solcher diente er noch im J. 1537. — Seine künstliche Schlosserarbeiten und Uhren waren sehr gesucht, und er erhielt auch viele auswärtige Bestellungen.

„Von Menge der arbait wegen, so er auswendig angenom=
men", gestattete ihm der Rath im J. 1511, zwei Knechte
mehr, als die Handwerksordnung erlaubte, zu halten.

---

## 26. Sebastian und Sebald Lindenast.

Peter Lindenast, Schlosser, erhielt im Jahre 1430 und
Contz Lindenast im J. 1455 die Bürgeraufnahme. Wahr=
scheinlich ist letzterer der Vater des Sebastian Lindenast, der
die Figuren des Kaisers und der Fürsten und Herolde ꝛc. an
der künstlichen Uhr der Frauenkirche aus getriebenem Kupfer
verfertigt hat. Er arbeitete auch größere Stücke aus Kupfer
und besorgte die Vergoldung dazu. Kunstreiche kleine Ge=
schmeide, Gesperre, Senkel und Beschläge wurden in großer
Anzahl von ihm gemacht. Das verbot man ihm im J. 1511.
Dagegen erhielt er die Erlaubniß, kupferne Werke zu Trink=
geschirren und Bildern zu machen und einen Lehrjungen zu
halten.

Sein Sohn Sebald Lindenast stand seinem Vater in
künstlichen Arbeiten nicht nach. Er machte Bilder, Trink=
gefäße, Senkel, Spangen und allerlei Geschmeide aus Kupfer
und vergoldete diese sowie die Arbeiten aus Messing und
Silber. Nach seines Vaters Tod drangen im J. 1526 die
Goldschmiede in den Rath, daß er dem Lindenast diese Ar=
beiten und das Vergolden wehre. Er hab des keinen Fug,
nachdem sein Vater todt sei; und er soll nur das vergolden,
was ihm das Handwerk der Goldschmiede erlaube. Er ließ
sich aber nichts wehren und arbeitete wie früher, namentlich
für den Kaiser in Messing und Silber. Die Goldschmiede
ließen aber nicht ab und verklagten ihn im J. 1527 aber=

mals. Auf dieses hin verbot ihm der Rath die Verfertigung
kupferner Bilder, Gefäße und Geschmeide, sowie das Ver=
golden derselben. Er soll nur kupferne Werke zu Brunnen
und große Becken und Wasserkannen machen. Als er sich
aber an dieses Verbot nicht kehrte und fortfuhr, Kupferge=
schmeide ꝛc. zu machen, ließ ihn der Rath in Strafe nehmen.

---

## 27. Hanns Neuschl der Aeltere und der Jüngere.

Beide waren weitberühmte Blosinstrumentenmacher und
geschätzt wegen ihrer Kunst als Trompeter und Posauner.
Hanns Neuschl der Aeltere erhielt im J. 1490 eine Be=
stallung als Posauner und Trompeter; er verpflichtete sich,
dem Rath 5 Jahre zu dienen, dagegen soll ihm dieser jähr=
lich 56 Pfund Neu bezahlen. Diese Bestallung wurde wieder=
holt erneuert. Er arbeitete auch für Kaiser Maximilian und
erhielt von diesem das Privilegium, die Kaiserkrone auf die
von ihm verfertigten Trompeten und Posaunen zu schlagen.
Das nämliche Privilegium erhielt auch sein gleichnamiger
Sohn Hanns Neuschl. Jorg Ochsenkun wollte die Kaiser=
krone auch auf seine Trompeten schlagen; das wurde ihm aber
im J. 1515 verboten.

Im Jahre 1510 bestellte Herzog Wilhelm durch seinen
Hoftrompeter Jorg Stumpf bei den beiden Neuschl 10 Trom=
peten, die ihm im nächsten Jahr nach München geliefert
wurden. Damals erhielten sie auch den Auftrag, für den
Churfürsten von Trier Feldtrompeten anzufertigen.

Hans Neuschl der Jüngere wurde in den Jahren 1513,
1515, 1516 und 1517 wiederholt an den Hof des Kaisers

Maximilian gerufen, um Instrumente für ihn zu machen*).
Damals schickte der Kaiser aus seinen Hoftrompetern „zwen
Claretter vnd einen trummetter" von Augsburg aus nach
Nürnberg, um bei den Meistern und Werkleuten Trompeten,
Clarineten und andere Instrumente zu bestellen, die er zu
seinem Ritt zum König von Ungarn und Polen nöthig habe.
Dem Rath zu Nürnberg trug er auf, die Instrumente, sobald
sie fertig sind, der Post aufzugeben und ihm zuzusenden.
Sein Rath Melchior Pfinzing werde alles bezahlen.

Im Jahre 1517 verfertigte Neuschl einige Posaunen
und Trompeten für den Herzog Friedrich von Schleswig und
Holstein, und im Jahre 1521 mehrere Trompeten und Clarineten für den Landgrafen von Hessen.

────

## 28. Augustin Hirschvogel, Stadtglaser und Glasmaler.

Er beschäftigte sich neben der Glasmalerei auch mit
Verfertigung antiker Oefen, Krüge und Bilder. Die Hafner
der Stadt beschwerten sich deßhalb im Jahre 1530 wegen
Gewerbebeinträchtigung. Der Rath wies sie aber ab und
verbot ihnen, dem Hirschvogel wegen seiner Gesellen und Arbeiten ein Hinderniß in den Weg zu legen. Hirschvogel

────

*) Als ihn Max im Jahre 1515 abermals an seinen Hof berief,
klagte Neuschl dem Rath, daß ihm durch solche Reisen und
Arbeiten seine Werkstatt niedergelegt werde und seine Kunden
und Kaufleute verloren gehen; auch sei er dadurch, daß er
kaiserlicher Majestät eine Zeit lang nachgereist, in viele Schul-
ten gefallen. Auf Zureden des Raths jedoch ging er auch in
diesem Jahr zum Kaiser und zwar nach Augsburg.

wurde bei seinen Unternehmungen vom Rath vielfach mit
Geld unterstützt und auch mit Bestellungen versehen; das
vorgeliehene Geld ließ man ihm an seiner Arbeit abgehen.

---

## 29. Paul und Hanns Lautensack.

Paul Lautensack verehrte dem Rath im Jahre 1534 ein
Gemälde und erhielt dafür 10 fl., jedoch mit dem Bedeuten,
„mit diser narrenweis nicht umzugehen vnd nicht wider zu
kommen“; ein Rath werde ihm nichts mehr geben. *)

Hanns Lautensack, Maler, verehrte dem Rath im Jahre
1552 „eine abconterfehung Nürnbergs“; dafür erhielt er
50 fl.

---

## 30. Wenzel Jamitzer.

Von diesem kunstreichen Goldschmied kaufte der Rath
im Jahre 1546 einen köstlichen Tisch um 330 fl. und einen
Spiegel um 220 fl. Beide wurden an den kaiserlichen Hof
nach Ulm geschickt, um sie Granvella zu verehren. Als
man aber diesen daselbst nicht antraf, gingen die Kleinode
wieder nach Nürnberg zurück, wurden jedoch, wie es scheint,
im Jahre 1548 dem Granvella in die Niederlande nach=
geschickt.

---

*) S. Soden, Beiträge zur Geschichte der Reformation ꝛc. S. 396.

## 31. Pancratz Labenwolf.

Dieser kunstreiche Rothschmied und Erzgießer goß neben vielen andern Werken auch den „Trog" zu dem Kunstbrunnen im Hofe des Rathhauses. Derselbe wog 793 Pfd.; der Rath zahlte ihm dafür im Jahre 1550 18 fl. für jeden Zentner, im Ganzen 142 fl.

---

## 32. Verzeichniß alter Meister.

Meister Rudolf 1392, Cunz Klügel 1392, Meister Bertholt 1406, Hanns Luckenbach 1436, N. Walch 1442, Ulrich Nüremberger 1443, Marr Schön 1471, Hanns Albrecht 1511, Hainz Coler 1512, Leonhard Hohenperger 1516, Heintz Stangel 1518, Lorenz Frey 1525, Hanns Süß 1530 (circa), alle Maler.

Symon Lamberger, Bildschnitzer, 1494.

Hanns oder Heinrich der Formschneider, 1444.

Jorg Rauch 1490 und Martin von Berg 1535, Kartenmaler.

Hanns Sporer oder Kübelhanns, Briefmaler, 1479 und 1494.

---

# Beilage I.

## Kreuzstamm.

### Nota.

Item mach (?), wie daz abam am tobpet lig vnd wie das seyn sun Set vor ym ste, vnd die hent empör vnd seyn vater vernem, wie er in vmb gesuntheit in das parabis zum engel sent.

Item bar nach mach den Set in ber erſten farb des klaibs vnd in ein kappen verpunten vnd eyn flaschen auf bem rücken vnd ein ſtab in ber hant als so er czum parabis gee.

Item bar nach mach koſtenlich bie ſtat des parabis vnd wie ber engl vor ber pforten des parabis ſte vnd eyn zweib in ber hant hab ; vnd mach Set in bem erſten klaib, wie (er) vor bem Engl ſte vnd bas czweib bem engel auß ber hant nemm, bas er seim vater pringen schol.

Item bar nach mach Set wie er hin heim chumen sey vnd sein vater find, bas er tob vnb begraben sey; vnb mach, wie bas Set in bem klaib, als er vom engel chumen yſt, sich

püł vber ſeyns vaters grab, das da auf dem ſelb iſt, vnd
wie er das zweib, das er vom engel praht hat, auf ſeins
vaters grab ſtet.   •

Item barnach mach baz grab in der geſtalt als es czum
erſten gemacht yſt, vnb wie eyn ſchüner parom, groſ vnb
langf an dem ſtamen, vnb czu oberſt im fürſcht drey eſt
mit breyen pwſch groſſen pletern auf bem grab aufgewachſſen
yſt, vnb laß den ſelben parommen beczaichen in dem oberſten
puſch mit eym flein roten frewczlein.   Vnb hinfor, wo der
parom ober der ſtamen gemolt ſtet, ſo czaichen in albeg mit
dem frewczlein.

Item barnach mal bas grab aber in ſeiner alten ſorigen
geſtalt vnb ben parom als vor bar auf, vnb mal, wie bas
ba pey ſte der chvnig Salaman in ſeiner fron mit etwe—
binern hinder hm, vnb wie er mit bem finger auf ben pao=
men czaig, ben vmb eze hawen; vnb mach auch, wie eyn
werfmann mit ſeiner aft in ben parom etwe fil hew gethan
hab vnb ben gar er nyder hawen wölle.

Item barnach mal, wie bas ber ſelb parom in ber ge=
ſtalt, als ber ſtamm yſt mit ben obern dreyen eſten, vnb
bie brey pwſch von den eſten ab gehawen ſind, wie bas ber
ſelb ſtamm auf czwayen würfpenfen lige; vnb mal bapey
czwen czymerman, bie ben ſtammen bes ſelben paroms mit
iren czymerarften würfen yn gegenwurtifeit fvnif Salmans.
Den mal, wie bas er ber fvnif mit etwe ſeinen binern vor
ben czymerlewten ſte vnb mit ber haut auf ben parom czaig,
als in welcher weiß ſie bas holcz würfen ſullen.

Item bar nach mach, wie bas bie czwen czymerman
ben ſtamen bes parms vor in ligen haben, vnb mach, wie
bas bas holz vnten in bie ſirung *) gewerht iſt.   Vnb auf

*) i. e. ins Quadrat.

das man es kenn, so laf dem holcz albegen oben sein drey
est, vnb mal, wie das die czwen czymerman das holcz mit
meßrutten messen nach der leng vnb dar nach nach der bike,
vnb wie sie die Ruten abek werffen vnb mit den henten sich
erczaigen als so der pavm, das holcz oder der stamm des
pavms verhawen vnb verbüst worden sey. Mal auch aber
den kvnigk Salaman mit etwe seinen dinern gegenwurtig vnb
das sich der chvnik auch erczaig mit den henten, wie er
vnmvtig (?) sey vber den pavm, der verhawen vnb ver-
wüst yst.

Item dar nach mal ein flissenden michelen *) pach, vnb
mal, wie daz man ben selben verwüsten stamen, ben pavm
mit seyn dreyen esten cze obersten vnb oben mit bem roten
krewczleyn, als er dan vor gemalt ist, wie das der vber
ben pach gelegt ist czv einem steg vnb mach eyn glenter vber
bem steg, als ob man ba rauf vber bas wasser gen mag.

Item vnb mal ben kvnigk Salanian, wie ber mit etwe
sein binern an bem steg ste vnb hin über gen wöll; vnb
mal, wie bas Sibilla vnterhalb bes chvnigs sich aufgeschürczt
hab, vnb als ob sie burch ben pach waten woll, vnb nicht
vber ben steg gen wöll, vnb mal yr auch eyn genssoß. Item
vnb mal ben kvnigk vnb sibilla, wie bas sie paibe mit ben
henben poren als ob sie mit eynanber reben von bez stegs
vnb bes holcz herlikeit.

Item dar nach mal eyn micheln stenben see vnb mal
bas holcz, wie bas es in bem see versenkt yst vnb baz man
es ob bem wasser siht herawf ragen cze oberst mit ben
breyen esten vnb mit bem rotten krewczleyn als es bann
vor gemalt yst. Item mal auch etwe persan, bie lamm
vnb krump czu bem se gen, vnb etlich, bie sich czu bem see

---

*) großen.

tragen laſſen, auf daß ſie geſunt werden. Item mal auch
ob dem ſee eyn engel in einer wolken, wie er mit einer
ruten den ſec wedeg.

Item darnach mal baz ſterb creücz, in was form oder
wie birs got eyngibt, amen.

---

## Unſer Frauen Leben.

### Item Nota.

Item Nv heb an eyn anderm ort an, vnd mal die
ſtat Iheruſalem. Item vnd mal die ſtat groß vnd ſcheim=
perlich vnd mit fil heyßern vnd thornen, vnd mach eyn czyr=
lichen thempl oder kirchen als mitten in der ſtat Iheruſalem,
vnd mal etwe fil man vnd frawen, die in dem tempel oder
kirchen ſiczen; vnd mach vnd mal ein czirlichen altar mitten
in der chirchen, vnd mach, wie das etwe man czu dem altar
gen vnd yr oppfer auf den altar legen.

Item mal vnd mach auch, wie das ein prieſter In
Jübiſchem ſcheinperlichen klaib an dem ort des altars ſtee.

Item vnd mal wie das Joachym als ein alter partater*)
erberger man In choſtenlichem laiengewant als mitten vnter
den andern, die czu dem altar gen, er auch zu dem altar get.

Item vnd mach In gleicher weiß, So Joachym ſein
opfer auf den altar mit der hant legen will, So mach die
geſtalt, wie baz der prieſter, der ob dem altar ſtet, wie er
mit ſeiner hant Joachims hant mit ſamt dem opfer von dem

---

*) bärtig.

Altar ſtoß, vnd mach dem prieſter ein czornige geſtalt vnd
wie er ſeyn czorn webeiß mit teuten der andern ſeiner hant.
Item mach darnach, wie das Joachim mit einer berſchrocken
trawrigen geſtalt vnter der kirch thür ſtee vnd In der geſtalt
als er czu der kirchthür hin auß ge.

Item mal darnach, wie das Joachim In der geſtalt
vnd In den klaibern In aller der maſ als er aus der chir=
chen gieng, wie das er vnter einem der ſtat Jheruſalem thor
ſtee, vnd mach In in der geſtalt vnd form, als er czu der
ſtat auß auf das felt czu ſein chnechten gen wöll.

Item vnd mach für die ſtat etwas hin dann, wie das
auf weitem felb czwen paurſchnecht des ſihs hüten, vnd mach
In czw etwe fil ſchaff vnd ſonſt mancherlay ſih vnd waib
vom graß.

Item darnach mach, wie das ſich Joachim ein klein
wek hin dan von ſeym ſih vnb von ſein chnechten auf ein
grün waſen geſeczt hat; vnd mach ym ein traurige geſtalt
vnd ein pater noſter in die hant. Item vnd mach darnach,
wie das der engel gots awf eim wolken mit Joachim red
mit tevtung ſeiner hant des engels.

Item mach auch, wie das fraw Anna, Joachims
hawsfraw, in der ſtat Jeruſalem In yrem hawſ in einer
chamern an irem peete chnie, vnd wie czwu ir maid vor
der chamern, eine ſpünnt, die ander neet. Unb mach daſſelb
hawſ choſperlich. Item vnd mach darnach, wie das der engel
gots durch die wolken czv dem fenſter hin ein mit fraw
Anna rett. Und mach dem engel die geſtalt vnd das klaid,
als er dem Joachim verchvnbet; vnd mach, das ſich der
engl mit tevtung ſeiner hant arczaigt, wie er frawen Anna
verchonte Irr thoter Maria ſchwanger cze werden In maß
als er Joachim verkvnbet auf dem felb.

Item barnach mach vnd mal, wie das fraw Anna mit
etlichen iren maiben vnd Joachim vnter einer andern porten
ober vnter eim andern statthor czw Jherusalem sie paibe
an einander begegen, vnd mit ben armen an einander vmb
sohen nach verchonbung vnd geheiß des engels 2c.

Item barnach mal vnd mach, wie das fraw Anna hrrer
liben tohter maria Jn hrem chinpet lig. Item vnd mal ein
wicziga mait peh ir ob bem peet stet vnd cze essen in bem
pet gib; mach auch maria das clein chint in eim pabscheßlein
vnd czwu czirlich magt, bie das chint paben.

Item mach barnach, wie das fraw Anna ir chint maria
als ein chint peh breien Jaren ein hohe stapfel vor hrr in
ben templ hin auf lest geen mit irem opffer, bas bie maib
fraw anna nach tragen als twrtltewblehn.

Item mach bar nach wie baz herr Joachim vnd fraw
Anna mit etlichen iren frewnten vnd mit ehalben 2c. hr tohter
maria Jm alter als peh 10. Jaren sie ben priestern Jn bem
thempel czv ben anbern Junkfrawen verliessen, vnd mal bie
prister wie sie bie Junkfraw maria hn tempel empfohen an
eim ort, vnb mal bie Junkfrawen, bie Jm thempl wanen,
an bem anbern ort Jm thempl.

Item bar nach mal aber ben thempel vnd wie bie
Junkfrawen peh einander Jm templ siczen vnd bie Junk=
fraw maria mitten vnter ben anbern Junkfrawen schein=
perlich auß ben anbern allen cze sehen. Item vnd mal, wie
bas hetwebe Junkfraw etwas bejunbers arbait mit gelb vnb
mit seiben, bas czu bes tempels vnb ber altar czirung geho=
renb hst.

Item barnach mal aber ein chostenlichen tempel, vnb
wie bas ber prister cosperlich an bem ort bes altars stee,
vnb mal, wie bas man, Jung vnb alt, zu bem altar ge
vnb hetweber besunber ein bürre Rutten in seiner hant tregt,

vnd raicht hinweder befunder fein ruten dem prifter, der ob
dem altar ftet, dar; vnd mal, wie das der prifter etwe fil
der dürren Rutten neben ym auf dem altar ligen hab, die
er dann den mannen auß iren handen genommen hat gehabt.

Item vnd mal den Joseph ein cziemlichen alten man
In einem erbergen klaib, wie das der mitten vnter den andern mannen fte cze foberft gegen dem prifter ob dem altar
vber, vnd wie das die bürr Rut, die er in feiner hant hat,
fo er fie dem prifter darpeut, fie anheb lawb cze tragen
vnd plwen &c.

Item und mal, wie der priefter diefelben herr Jofeps
Rut, fo fie alfo plwet, mit einem groffen lobgefang auf
Jofeps hant nymmt.

Item vnd mal, wie das ein groffe famnvng der oberften prifter zu Jofep jahen vnd in vmbfohen, groffen lobfang
vnd Im gelüks wünfchen czw maria feiner gemahel, die Im
got czu geaigent hat gehabt &c.

Item darnach mal In wefunderhait, wie das die oberften der ftat Jherufalem, die oberften prifter In irem kofper-
lichen klaib maria Jofeph vermeheln In gegenwurtikeit
Joachims vnd fraw anna &c.

Nota.   Item was bw machen vnd mit fügen
reblich In der einen gemolten ftat
Jherufalem gemolen vnd machen maht,
das mach, ob bw maht, vncz pis hieher,
das der engel gabrihel maria verkünt;
maht bw die verkünbung dann nicht In
die einen gemolten ftat Jherufalem gema-
len, fo mal die ftat Jherufalem von
newem vnd heb an die verkvnbung Jhefu
Chrifti dar ein cze feczen.

Item darnach mach eyn scheinperlich hawß in der stat
Iherusalem vnd wie das Maria In dem selben hawf In
hrrer chamern beschlossen vor einem puch auf eym pulpitum
chny vnd in dem puch lese.

Item mal dar nach den engel in chostenlichem klaib,
wie der maria czu hrr rechten seiten stee vnd mit ir red
vnd ir den grwß von got dem obersten herrn werbe.

Item mal auch, wie maria sich nach der seiten kniet
gegen dem engel hervmb ker vnd Im zwhorch.

Item mal awch got den vater, wie der oben czwischen
etwe fil engeln In einer scheimperen Wolken vnd In eym
streim einer gulben sonnen das chindlein Ihesu gegen der
maria her ab sent.

Item vnd mal den heiligen gaist In einer tavben weiß
bei got dem vater vnd als scheimperlich.

Item darnach mal das gehewß vor der stat Iherusalem
vnd mal, wie maria Ihesu irs chinds genesen sey, vnd mal
maria chnient vnd Ihesum vor yr ligend In der sonnen.
Mal Maria halbe parhavbt vnd wie sie den schlair vber die
achsseln geschlagen hab.

Item mal auch Josep eyn czimlichen alten man in eim
erlichen klaib.

Item mal auch den ochssen vnd den essel ob der krippen.

Item mal auch In einer wolken ob der maria got den
vater mit sambt dem heiligen gaist in einer tauben weiß,
vnd mal etwe engel neben got dem vater.

Item mal auch etwe engl, die an eim puch singen
gloria in ercelsis deo.

Item vnd mal auch engl, die neben der maria cze pai=
der seiten schweben.

Item mal auch In besunberhait gar czirlich czwen hir=
ten, die bes sihs hüten auf dem selb, vnb mal in fil schaff
vnb anber sih zw, vnb mal ben engel scheimperlich, wie ber
ben hirten verchünt die gepurt Jhesu Christy.

Item mal auch die stat Jherusalem fror bas gehewß,
ba maria Innen ist, vnb In mas als sie ba vor gemalt
yst &.

Item mal barnach die heiligen brey chvnig scheimperlich
wol geczirb, wie bas ber elczt tvnig vor maria chny, vnb
bie anbern bar nach.

Item vnb mal yre Roß vnb ir chnecht, wie bie halten
mit ben Rossen vor ber stat Jherusalem; vnb mal ybem
chvnig sein chnecht yra klaib besvnber geserbt vnb bie stat
Jherusalem, bie vor bem haws vnb sor bem geschwpf gemalt
stet; baselbst zwischen mal ber chvnig rof vnb ir chnecht vnb
kameel.

Item mal auch ben stern vber baz haws vnb geschupf,
ba maria Inen yst.

Item mal auch, wie bas bie zwen hirten hinter bem
haws vnb schwpf sten, In bem maria Innen ist, vnb hinben
burch ben zavn hin ein lugen vnb beschauen nach bez engels
verchünbung.

Item mal ben hirten auch ir hvnb czw.

Item bar nach las malen, wie bas maria Jhesum be=
schneiben lest In gegenwurtikeit maria Jacoby, maria salome,
maria vnser frawen paibe zwu schwester vnb In gegenwurti=
keit Josephs. Item mal ben prister, ber Jhesum beschneit,
costenlich in gulbem gewant vnb mer eyn prister ber alten
ee *) czw ym &.

---

*) Des alten Bundes.

Item mal bar nach, wie maria Jhesum als czu licht=
meß in thempel oppffert in gegenwürtifeit Joseps vnd der
czwaier maria mit irem opfer mit czwaien turtltevbleyn,
vnd wie in simeon auf sein arm nymt vnd an heb das
Nunc bymytys zesprechen vnd maria er weisagt, wie von irs
chinds Jhesu wegen eyn schwert yr hercz czerschneiben würd.
Item vnd mal eyn zirliche chirch ein tempel.

Item mal bar nach chünig Herodes, wie das der auf
seym stul sicz vnd etwe wepner vor ym die chinbleyn czu
tod stechen; mal auch, wie die wepner in den börffern den
frawen ire chinb cze tod stechen vnd wie ellich müter die
wepner, die in ire chint toten, sie vnter iren augen czer=
kraczen, vnd mal etwe frawen, die ir hend ob dem haubt
czu samen schlahen.

Item mal barnach, wie das vnser fraw auff irem essel
sicz mit samt irem chinb, vnd mal eyn czimlichen alten man
Josep, wie der czu fuß vor dem esel ge vnd den esel am
laitsail fore, vnd mal grone haib vnd paomen cze gleichen
einer müeste vnd selbes.

Item mal bar nach, wie der engel ob Josep arof einer
wolken mit Josep red vnd eyn reimen in seiner hant hab,
der da sprech Josep flew in egipto.

Item mal bar nach die stat in egipto vnd den tempel
in der stat, vnd mal, wie das maria mit irem chinb vnd
mit Josep vor dem thempl sicz, vnd mal, wie das die apt=
götter Jm templ von den seylen fallen.

Item vnd mal, wie das der herczog auß egipto pey
Josep ste vnd mach als ob er in frag von maria, von irem
chinb vnd von in allen.

Item mal bar nach, wie das maria in der selben stat

in egipto in eyn hawf beherbergt worden sey vnb wie Josep
an eim holcz zymer vnb wie maria siccz vnb spynn, vnb etwe
frawen ir nahperin pey maria siczen vnb auch spynnen;
mal auch, wie Jhesus maria eyn spindel barlang.

Item mal barnach, wie maria auf eym esel siccz vnb
Jhesus in einer gestalt als eyn chnab pey vij (7) Jaren vnb
besunder auch auf eym kleinerm esel siccz vnb wie Josep paib
esel an sailen laite.

Item vnb mal eyn maget, die hinder den paiden esseln
ge vnb sie treib, vnb mal etwe ser hin dann die stat Jhe=
rusalem In aller maß als sie dann dahinden gemalt stet
vnb alles in der form, als fand maria vnb fand Josep mit
irem gesind wider heim gen Jherusalem cziehen.

Item mal auch aber, wie das der engel auf einer
wolken mit Josep red vnb in haiß wider heym gen Jheru=
salem cziehen.

Item dar nach mal, wie das maria In der stat Jhe=
rusalem iren son Jhesum In gegenwürtikeit Joseps vnb yrer
zwaier schwester maria gen schwl lest.

Item barnach mal auch in der obgeschriben stat Jheru=
salem, wie das maria iren son Jhesum verloren hat vnb
Maria vnd Josep finden In czw Jherusalem in der schwl
vnter den maistern siczen auf dem obersten der maister stul.*)

— — — — — —

———————

*) Hier bricht die Handschrift plötzlich ab, ohne dieses Bild zu
vollenden oder wie bei den vorausgehenden durch einen Strich abzu=
schließen. Der Schreiber hatte jedenfalls die Absicht, noch mehrere
Bilder anzugeben.

# Beilage II.

## Domino Francisco Regi Francie.

Serenissime ac potentissime Rex post suplicem com-
mendacionem nostri felicitatem. Cum pro officio nostro
omnes ciues subditos nobis complecti cura ac charitate
singulari consueuimus, tum iis maxime benignitatem et
studium nostrum impertimur, qui et ipsi sua virtute me-
reri, et quorum res opem nostram poscere jure quodam
suo videntur, quo in numero recte posuerimus querelas
delatas ad nos Alberti Dureri nomine ab ipsius mortui
relicta vidua, quas illa nobis curauit verbose exponi, cum
annexis precibus, vt ipsius causam apud vestram Regiam
Maiestatem agendam suscipere vellemus, cum ipsa per se
neque posset, neque si posset, negligere auxilium nostrum
vellet, intelligebamus nos quidem equm peti, neque sub-
trahendam manum auxilii prehensanti, ipsum autem
Durerum cum virum cognoueramus, cuius nomine quoduis
facere uelle deberemus non solum enim ipse dexteritate
et ingenij et manuum suarum ita meritus fuit, ut dili-
geretur ab omnibus, sed nostram ciuitatem operum suo-
rum et artis fama magnopere illustrauit, ut si illum nunc
mortuum negligenter respiciamus, parum grati et memo-
res perhiberi possimus. Quis autem dubitaret iustam
esse querelam viduae mulieris, cum illa frustraretur spe-
ratis commodis audacia aliena? Quomodo autem ad nos
illam delatam repelleremus? Nostro vero ciuitati quesitam
per Albertum paratamque celebritatem unacum ipsius
fama obscurari et pollui certe par est nobis admodum
contrarium accidere. Itaque et causam per se et illius

cuius ea esset, iusto respectu singulari quodam studio
suscepimus commendandam vestre Regie Maiestati, cuius
innumerabilia beneficia erga nos animum nobis addunt
audacius ad illam confugiendi in nostris ciuumque no-
strorum paruis magnisque negociis. Possumus enim
gloriari cum veritate nunquam frustra vestre nos Regie
Maiestatis auxilium, benignitatem (et) graciam implorasse.
Ne autem vestre Regie Maiestati fastidium pareret literis
inculcata ista ad nos delata querela, curauimus separa-
tim descriptam includi, quam supliciter oramus dignetur
vestra Regia Maiestas lubentibus animo et auribus
admittere et cognoscere et pro sue eximie sapiencie
iudicio subuenire damno et iniuriis affecte mulieri, ciuis
nostri prestantissimi artificis vidue, patique hoc a se
exorare cum ipsius voluntatem erga nostram ciuitatem
tum bonarum rerum atque arcium omnium studium et
respectum, vestram Regiam Maiestatem bene valere
optamus cum oblacione omnis officij et obsequij. Ex
vrbe nostra Norinberga iij Nonas Junij 1533.

---

## Beilage III.

Nürnberg schickt dem Churfürsten Maximilian von Bayern
das berühmte Dürer'sche Gemälde „die vier Temperamente
des Menschen" dd. 27. August 1627.

Gnädigster herr, auff Ewer Churfürstlichen Durchlaucht
Erebentzschreiben vnd demselben einverleibtes gnädigstes begern,
haben wir bero Camerbieners vnd lieben getreuen Augustin

Haimbls anbringen dahin verstanden, daß Ewer Churfürst=
lichen Durchlaucht wir weyland vnsers Bürgers, Albrecht
Dürers seel., 2 tafeln, darauff die 4. Complexiones beß
Menschen vnder dem bildnus 4. Aposteln repräsentirt, darzu
dann Ewer Churfürstliche Durchlaucht eine sonderbare affec=
tion trügen, vnderthänigst vnd zwar originaliter verfolgen
laßen wolten. Wiewol wir nun gedachten Ewer Churfürst=
lichen Durchlaucht Camerdienern mit beweglicher ausführung
zu erkennen geben, was maßen ernannter Albrecht Dürer,
so in vnserer Statt geborn, alß ein weit berümbter Künstler
seinem Vatterland zu einem immerwerenden angedenken diese
tafeln dergestalt hinterlaßen, daß Sie alß ein Donativum
bei gemainer Statt behalten werden vnd Ihme zu einer ge=
bechtnus alhie in seinem Patria verbleiben, vnd nicht auser
der Statt kommen solten, dahero auch wir der sachen alß
Administratores nicht mechtig weren, vnd zumaln ohne vor=
wißen eins ganßen Rhats, vnserer lieben Freund, der Po=
steritet nichts begeben, noch ein solches Clainod, so über
100 iahr bey gemainer Statt gewest, von vnß laßen könnten
noch solten, der vnderthänigsten zuversicht, daß Ewer Chur=
fürstliche Durchlaucht solche vnsere entschuldigung in Chur=
fürstlichen gnaden vermercken vnd mit den copien vnd contre=
faiten gnädigst zufrieden sein würden, inmaßen weyland
Kayser Rudolf hochlöblicher gedechtnus vff gleichmäßiges aller=
gnädigstes ansinnen vnß bey vnserer allervnderthänigsten ent=
schuldigung vnd beß Dürers selbs verordnung allergnedigst
bewenden vnd verbleiben laßen, So hat doch gedachter Ewer
churfürstlichen Durchlaucht Camerdiener hingegen vermeldet,
daß deroselben, alß welche mit vielen treßlichen stucken von
der vornembsten alten Maister aigenen hannden gefertigt
bereit versehen, mit den copien gar nicht gedient, sondern
dieses beß Dürers, als welcher der kunst vnd perfection nach
allen andern vorzuziehen, mit sonderm vleiß von seiner hand

gefertigtes gemäl sehen vnb erlangen wolten ; barbey er auch ferners gebetten, sein begern bei einem ganzen Rhat nicht anzubringen, bieweil Ewer Churfürstliche Durchlaucht, wann eine wieberige resolution von bemselben erfolgen solte, solches zu nachtheil bero höchst ansehnlichen reputation geraichen möchte, hingegen er vns vertröstet, baß Ewer Churfürstliche Durchlaucht vnsere vnberthänigste willfarung zu sonberbaren Churfürstlichen gnaben geraichen, ber gestalt, baß nicht allein wir, bie solche willfahrung vornemlich betreffe, sonber auch gemaine biese Statt vnb Burgerschafft auf alle begebenbe occasiones solches zugenießen haben vnb Ewer Curfürstlichen Durchlaucht gnäbigste affection im wercke verspüren würden.

Wann wir bann Ewer Churfürstlichen Durchlaucht in allen möglichen vnb verantwortlichen bingen ie nicht gern aus hannben gehen ober etwas, so beroselben zu gnäbigstem gefallen geraichen mug, vnberlaßen wolten, vielmehr bero Churfürstliche gnäbigste affection ieberzeit in hohem respect vnb würben gehalten, wie noch, alß haben Ewer Churfürstlichen Durchlaucht Camerbiener wir beibes, bie originalia vnb copien, verfolgen laßen, vnb wollen Ewer Churfürstliche Durchlaucht vnberthänigst haimgestellt haben, welche Sie vnber benselben behalten ober vnß gnäbigst wieberumb zukommen laßen wollen, beren zu vnberthänigsten beliebigen Diensten wir ieberzeit willig vnb bevlißen verbleiben. Datum 27. August 1627.

---

## Beilage IV.

Sebald Beheym maler sagt, es werb sich nicht finben, bas er yemand hab gelernt, als bey vilen grof geschrey

gemacht [werd]; das sey aber war, er hab etlich gesellen,
mit denen er sich bey weilen bespracht, seynen mangel ange=
zeigt; das sey der, er kenn nit glauben, das in der gestallt
des weins vnd brots der leib vnd pluet Cristj da sei; wiß
sich des pisher nit zu vnterrichten, müß vnd well dann
pacientz haben pis Im got geben well. Er hat auch vil
prebig gehort; wiß sich daraus auch nicht zu bessern. Er
sey auch ab Lutters schreiben oder anderen prebigen nit Irr
gemacht worden, sunder alle weg der meynung gewesen; vnd
gleich wol hab er Jüngst sich lassen überreden, das sacrament
bey den Augustinern entpfangen, doch Im hertzen ein anders
gehapt; derhalb er wider sorg, übel gehandelt [zu] haben;
wiß, das er hab dann ander vnterricht nit serrer zugeprau=
chen. So sagen die prebiger selbs, ein starcker derff des
zeichens nit genyessen. Dieweil dann er sager solichs für
ein zeichen, das Cristus geben, halte, sey Ime von vnnöt=
ten, das zugeprauchen. Von der tauff wiß er nichts, kann
das weder schelten oder loben; es lig am wasser nichts.
Gestee nit, das er sonst eynich vngeschickt Red gethan, ver=
sehe sich, es werd nit auff Ine pracht werden. Seyn gesel=
schafft, mit denen er seynen mangel geredt, sey der Schul=
meister zu sand Sebald,*) seyn — sagers — bruder, Jörg
bentz ein maler, vnd rewt glasers sene. Bitt auch, kenn
man Ine eins bessern, darju Im genug geschee, vnterrichten,
well er guetlich horen vnd auffnemen.

Barthel Beheym sagt, er kann nit glauben, das
In der gestallt weins vnd prots der leichnam vnd pluet
Cristi da sey; so ken er auch von der tauff nichts halten,
dahin ken yn nyemant reden, ob er es schon auffwendig höre
vnd sagt, er glaubts vnd lügs Im hertzen. Hallt es alles

*) Johann Denck, der, weil er ähnlichen Ansichten wie die „gott
losen Maler" huldigte, gleichfalls aus der Stadt verbannt wurde.

für ein ploſſen menſchen baut ; das hab er aus grund ſeins
hertzens. Konn auch der ſchrifft nit glauben. Er ſager hab
auch mit vil leutten bauon gerebt vnd gefragt, auch wol
anderthalb Jar des oſyanders prebig gehort, Ime ſey aber
nit genug geſcheen. Wiß nit, wie es zugee, was bj prebi=
ger ſagen, ſey wol grund vor dem menſchen, aber im grund
lautter banbt. So ſehe er auch kein frucht von benhen, bj
prebigen. Vff diſer maynung well er auch pleiben; dahin
verurſachen in die lügen, pis die wahrheit kum.

Vff fürhalten, es hab an ein rath gelaugt, wie er
vnd ſein bruder ſich vernemen laſſen, man ſoll nit arbeitten
vnd man muß ein mal teyln, veracht auch die euſſerlich
oberkait, ſagt er, er kenn keynen obern ban got den almech=
tigen. Wan ſeyn bruder wider Ine ſind vnd er Ine ſtraff,
ſey eyn yeder dem andern zugehorchen ſchulbig, vnd ein bru=
ber hab ben andern zu ſtraffen. Es ſtee nirgent geſchriben,
wan dein bruder ſünbigt vnd bir bein boßheit ſagt, nym In
vnd rechtfertig In, vnd die ſtraff ſey ein handt vmb ein
handt, ein aug vmb ein aug, vnd alſo furt aus.

Vff fürhalten, was gemeynſchafft er mit ben zweyen
malern ben Beheymen gehapt ober was vngeſchickts er von
Ine gehort, ſagt Veyt wirſperger, es ſey nit one, er erken
diſe zwen Beheym alls Leut, die des glaubens vbel bericht,
ober aber verherrt ſind, haben bey eynem pfaffen, dem ein
erber Rath˙ die ſtat verſagt, vil gemeinſchaft gehapt, vnb
gleichwol ſey er etlich mal zue Inen gangen, ſy auch zue ſich
gelaben vmb brueberlich willen, ber meynung, ſy der warheit
zuberichten. Aber In ſuma ber ein bruder, Barthel genant,
ber ſprech, er kenn keynen Criſtum, wiß nichts vom Ime
zuſagen, ſey Ime eben alls wan er hore von herczog ernſten
ſagen, ber In berg gefaren ſoll ſein. Hab er Ine wollen
ben glauben leren vnd gefragt, ob er ben konn ; ber Ime

geantwort, hab den nye gelernt. So sey auch der sebald nit mynder halsstarriger vnd teuffelhefftiger dann diser; vnd sey beschwerlich, das Cristenleut sollen vmb sy sein, alls Jre weiber. Dieselben sie auch so Jrrig gemacht, das die nit wissten, woue aus. Es geen auch dise zwen brueder mit des montzers*) vnd karelstabs büchlein vmb. Vnd es sey ein Junger bey Jnen, meister sebald kirchners sone; wer wol gethan, das man den von Jnen neme, vnd sich ein yeder Crist derselben maite (?)

Item er hab wol von den beden bruedern gehort, Es sey nichts vmb bj oberfeit, die werd mit der zeit zu trümern geen; wie sy aber das gemeint, wiß er nit, hab Jme so weit nit nachgedacht, aber sy doch gestrafft, das sye bj ober= feit nichts haben wellen sein lassen; dann sant Paulus hab sye das nit gelernt.

Jorg Pentz sagt auf das fragstuck, ob er glaub, das ain got sei: Ja, er empfinds zum teil, ob er aber wiß, was er warhafft für denselben got sol halten, wiß er nit — Was er von Cristo hallt? Halt von Cristo nichts — Ob er dem heiligen Euangelio vnd wort gottes, Jn der schrifft verfasst, glaube? Konn der schrifft nit glauben. — Was er von dem Sacrament deß Alltars hallt? Halt vom sacrament des altars nichts. — Was er von der tauff hallt? Halt von der tauff nichts — Ob er ain weltliche oberfait glaub vnd ainen Rate zu Nürnberg für seine Herrn erkenn, über sein leib, gut vnd was eusserlich ist? Wiß von keynem hern dann allein von got.

---

*) Müntzer.

Vrsachen warvmb es beschwerlich sey, die drei
maler hie In der Statt zugebulden.

Erstlich darvmb, das dise maler nit allain den ersten,
sonnder annbern vnd dritten tag vber alle stattliche warnung
vnd vnnbterrichtung sich so ganntz gotlos vnd haidnisch erzaigt,
alls von kainem hievor nit erhört sey, vnd das mit ainem
trutz vnd mit verachtung aller prebiger vnd Jrer weltlichen
oberkait.

Zum andern So Ist diser maler hannblung nit allain
hye, sonnder außwenbig bey Jeberman rüchtig vnd lautprecht,
hat auch für annber sachen ein mercklich groß ansehen, auch
nit vnbillich, dann es betrifft nicht zit zeitlichs, sonnder die
selen. Nun seien vor hin In diser Statt mancherlay haim-
licher vnd offenlicher Irrung vnd opinion deß glaubens; wo
nun dise leut sollten hie gelassen werden, wurden sie vil leut
finden, die sich allererst auß fürwitz ober leichtvertikait zu
Jnen thun, vnd von Jnen gelegenhait Jrer opinion erfarn
vnd wissen wollten; so sey sich nit zuuermuten, das dise
leut werden schweigen; dann man kenne sy; sein auch für
prächtig, trutzig vnd von Jnen hochhaltenb für andere berümbt; barumb gut zubebencken, was pösen giffts hie mer
dann vor geseet vnd aufgeprait wurd.

Zum britten sey ain grosse sorg, das die fangknus deß
lochs mer dann das wort gottes dise leut zu bekanntnus
vnd ennberung Jres gemüts verursacht hab, vnd das Jr
hertz nach bem außlassen eben steen werb wie bavor, alls
sich bann am hinabfüren der ain gegen bem anbern haimlich,
des boch ainer gehört, hab vernemen lassen: Man sagt vns
wol vil, wann sie es nur beweisen. Darumb zu besorgen,
bas die letzten ting erger bann die ersten wurben.

Zum 4. So haben ye dise brey Jre herren, auch In
Jrem beywesen, ober Jr pflicht vnd aybe für weltliche herrn

vernaint, welchs boch ber schulmaister nhe gethan, auch In seiner opinion bey weitem nit so gotlos alls bise leut gewesen sein, vnb sey Ime bannocht bie Statt verpotten. Warumb sollten bie nun mer vortails haben?

Zum 5. So sey bey bem mainsten taille aller menschen alhie vnb außwenbig bise sach, auch bie brey maler so verhasst, das zu besorgen, ob sie wol hie gelassen [wurden], bas sie mit ber zeit entleibt werden möchten. Do wurb bann ain vnrat ben anbern reiten vnb vil ain ergers verursacht bann vor.

Zum 6. So wurb, alls zu besorgen, auß biser leut gegenwürtikait, wie oben gehort, vil getailter Irriger gemüte unb opinion bey vil menschen In biser Statt vnb barauß volgen, baß man hinfüro nit mer ber gemain, sonber ainem heben Irrigen In sonberhait prebigen vnb vnberrichtung thun musst. Des wurb ein vnertreglich lasst, ber nit allain allen prebigern, sonber meinen herrn zu schwer wurb.

---

# Beilage V.

**Verbot des Raths zu Nürnberg gegen den Nachdruck von Gemälden, Formen und Büchern vom Jahre 1550 (circa).**

Nachbem bie Buchtrucker vnb Formschneider in biser Stat sich bißhero vnberstanben haben, ire formen, schrifften, büchlein vnb gemälbe aneinander nachzutrucken, welchs aber benen, bie solche büchlein, gemälbe vnb schrifften anfengllich erfunben, gebicht, geschnitten vnb mit Verlegung berselben vil costung barauf gewendet haben, zu grossem schaben, verberben vnb abpruch irer narung geraicht hat, solchs aber zu fürkommen, so verordent vnd setzt ein erber rathe hiemit, das nun hinfüro kein Buchtrucker, Formschneider, Buchfuerer, Verleger oder hemand anders ainem rathe verwandt vnd zugehörig, dem andern seine Bücher, gedicht, gemälbe, schrifften vnd formen, bie er selbs gedicht, erfunden, geschnitten oder gerissen, oder auf seinen costen verlegt hat, vnd bie ime von eins raths barzue verorbenten zutrucken, aufgeen vnd fail haben zu lassen zugelassen sein, in ainem halben Jar bem nechsten nach aufgeung berselben weber haimlich oder offenlich nachtrucken, schneiden oder reissen oder bey annbern auf sein costung vnd verlegung zuthun verfügen soll. Dann welcher solchs überfaren vnd ainem rathe von hemand alls ain versprecher angezaiget würdt, der soll ainem rathe barvmb one gnab zu puß geben vnd verfallen sein zehen gulden Reinisch vnd barzue bie geschnitten oder getruckten form, exemplar vnd bücher verlorn haben.

Vnd ob hemanb frembbs, ainem rathe nit zugehörig, ainem oder mer aus ains raths bürgern wie bücher, gedicht, gemälbe, schrifften vnd formen, wie oblaut, aufferhalb biser statt für sich selbs nachtrucken oder nachschneiden, oder solchs in seiner costung vnd verlegung zuthun verfuegen wurde, der soll nit macht haben, ainich berselben truck oder gemelbe in ainem halben jar bem negsten nach solchen trucken zu Nürmberg oder in andern ains raths gepieten vnd flecken failzuhaben, zuuerkauffen vnd zuuertreiben bey verlust berselben nachgetruckten bücher, gedicht, formen vnd schrifften, wie bie in ains raths oberkailen betretten werben.

––––––––––

**Berichtigung.**

S. 41 Z. 2 v. u. statt 14 lies 10.

# Inhalt.

www.ingramcontent.com/pod-product-compliance
Lightning Source LLC
Chambersburg PA
CBHW020625030726
47497CB00007B/2415